重庆市中等职业教育改革发展示范学校建设计划规划教材

旅游服务礼仪

王大斌　刘　昕　主编

袁　源　皮明霞　李　莉　副主编

科学出版社

北　京

内 容 简 介

本书共有四个项目，主要介绍了学校礼仪、导游服务礼仪、酒店服务礼仪及职业礼仪。本书具有职业性、实用性、规范性和新颖性特点。

本书既可作为中等职业学校旅游专业及相关专业的教材，又可作为旅游服务工作人员的参考用书。

图书在版编目（CIP）数据

旅游服务礼仪 / 王大斌，刘昕主编. —北京：科学出版社，2018.8
（重庆市中等职业教育改革发展示范学校建设计划规划教材）

ISBN 978-7-03-054980-8

Ⅰ. ①旅… Ⅱ. ①王… ②刘… Ⅲ. ①旅游服务-礼仪-中等专业学校-教材 Ⅳ. ①F590.63

中国版本图书馆 CIP 数据核字（2017）第 262089 号

责任编辑：涂 晟 王 琳 / 责任校对：陶丽荣
责任印制：吕春珉 / 封面设计：艺和天下

科 学 出 版 社 出版
北京东黄城根北街 16 号
邮政编码：100717
http://www.sciencep.com

北京虎彩文化传播有限公司 印刷

科学出版社发行 各地新华书店经销

*

2018 年 8 月第 一 版 开本：787×1092 1/16
2018 年 8 月第一次印刷 印张：12
字数：285 000

定价：48.00 元

（如有印装质量问题，我社负责调换〈虎彩〉）
销售部电话 010-62136230 编辑部电话 010-62135763-2013（SF06）

前言

Foreword

有“礼”走遍天下，无“礼”寸步难行。礼仪是人们在生活交往和学习工作中必不可少的技能。本书主要介绍中职生和旅游服务行业各岗位从业人员的礼仪规范要求，是中职旅游专业学生学习礼仪的一本基础教材。编者依据学生校园学习和毕业后走上工作岗位的情况，结合重庆市武隆区职业教育中心旅游教学改革和新课程建设的开发编写了本书。本书在内容上主要突出以下两个方面。

1）专业针对性。本书在教材结构设计和内容组织方面都体现了重庆市武隆区职业教育中心旅游专业的个性需求。导游服务礼仪和酒店服务礼仪两个项目具体介绍了旅游行业的不同岗位和不同场景的实际要求，职业礼仪项目则针对学生进入职场后的发展介绍了岗位的要求等。

2）操作指导性。本书强调实际操作训练，对教学活动中的实操起到指导作用。本书的“知识储备”模块不仅介绍了礼仪规范具体要求，具体的动作要领，还配有大量的图片示教。本书还设计了实战演练环节，指导教师和学生在实训课堂上进行操作训练。

本书由重庆市武隆区职业教育中心王大斌和刘昕担任主编并统稿，重庆市武隆区职业教育中心袁源、皮明霞、李莉担任副主编，参编人员有重庆市武隆区职业教育中心贺佳、周鑫、陈爽、陈易、郝爽。具体编写分工如下：项目一的场景一和场景二由陈易编写，项目一的场景三和项目二的场景一由皮明霞编写，项目一的场景四和项目二的场景四由贺佳编写，项目二的场景二和场景三由郝爽编写，项目三的场景一由陈爽编写，项目三的场景二由刘昕编写，项目三的场景三由袁源编写，项目三的场景四和场景五由周鑫编写，项目四的场景一和场景二由李莉编写，项目四的场景三由王大斌编写。照片由谢瑜拍摄。本书检测练习答案可登录www.abook.cn 网站获取。

在编写本书的过程中，编者得到了重庆市武隆区教育委员会、重庆市武隆区职业教育中心、重庆市武隆区旅游局的大力支持，重庆市武隆仙女山假日酒店和重庆市武隆区职业教育中心为本书提供拍摄场地，在此向相关部门和企业表示衷心的感谢。

由于编者水平有限，加之时间仓促，本书不足之处在所难免，敬请广大读者批评指正。

编　者

2017 年 11 月

目录

Contents

项目一　学 校 礼 仪

场景一

整装出发

知识目标

1. 了解学校生活中应保持的自我形象。
2. 掌握规范的仪容、仪表、仪态相关知识。
3. 了解自我形象设计基本知识。
4. 掌握仪容、仪表的基本概念。
5. 了解旅游接待人员注重仪容、仪表的意义。
6. 掌握旅游接待人员不同场合着装的基本要求和规范。
7. 掌握美容与化妆的基本常识及规范。
8. 了解旅游接待与服务人员的形象包装。

技能目标

1. 能够自我修饰仪容、仪表。
2. 能够根据不同工作岗位搭配服饰。
3. 能够根据需要合理设计自身形象。
4. 在工作中能够自然、熟练地使用正确的站姿、走姿、坐姿。

任务 报到进校前的形象准备

【任务描述】张红初中毕业后决定到某职业教育中心旅游专业就读，明天就是她到学校报到的时间。面对新的学校、新的环境，张红决定以全新的形象报到。现在，她开始准备塑造自己的形象。

知识储备

在正式场合维护自我形象，需要注意仪容、仪表和仪态等方面。

1. 仪容

仪容，即人的外观和外貌，重点则是指人的容貌。在人际交往中，仪容能传达最直接、最生动的第一信息，反映一个人的精神面貌，直接影响对方对自己的整体评价（图 1-1-1）。仪容修饰是指根据自身的条件，对仪容进行必要的修饰，扬长避短，设计并塑造出美好的个人形象。仪容修饰主要涉及头发、面容、手臂、腿部、化妆五个方面。对于学生，我们不提倡使用化妆品，但要做到清洁、恰当、自然、合体。

图 1-1-1　仪容仪表

2. 仪表

仪表，指一个人的外在形象，包括服饰、身材等，是“第一印象”的重要来源。这里主要介绍服饰方面的要求。

学生着装代表着学校的整体形象，是学校形象设计的一个重要方面，体现着学校的内在文化。中职生的服饰主要分为职业装和休闲装。实训课上，应着职业装，不同专业的学生应着不同的专业服装以体现该专业的特点。学生的服装搭配是否符合该专业的风格，是学生形象设计的重要内容。学生平时应着休闲装，便于运动，其色彩应艳丽、明快、强烈，整体颜色不宜过多，一般以不超过三种为宜。

校内学生应着校服或者专业服装，将校徽佩戴在左胸前，校服保持干净整洁，扣子齐全，不能有开线的地方，更不能有破洞，衣领和袖口处不能有汗渍；内衣应常洗常换；衣袋内不装多余的物品，不可敞胸，不能将衣袖卷起；夏装衬衣下摆须扎进裙（或裤）内，佩戴的饰物不得露在制服外；不得趿着鞋走路；袜子应无勾丝、无破损；不得穿奇装异服。

3. 仪态

仪态，是指人的姿势、举止和动作。在校期间，学生每天都要和同学及老师打交道，因此应保持良好的仪态，具体要注意以下几个方面。

（1）站姿

优美而典雅的站立姿态，是体现服务人员自身素养的一个方面，是服务人员仪表美的基础（图 1-1-2 和图 1-1-3）。

图 1-1-2　女士站姿

图 1-1-3　男士站姿

1）立正，两脚跟相靠，脚尖开度为 45°～60°。

2）双腿并拢立直，挺胸、收腹、梗颈、提臀。

3）身体重心线应在两腿中间，向上穿过脊柱及头部，身体重心主要在双脚上。

4）双肩放平，自然放松，双手下垂于体侧，或放在腹前交叉，左手放在右手上。

5）双目平视前方，下颌微收，嘴微闭，面带微笑。

6）站立时，要防止身体重心偏左或偏右，站立时间太长可变换为稍息的姿势，身体保持挺直，身体重心偏移到左脚或右脚。

① 男士的标准站姿：左脚向左横迈一小步，两脚之间的距离不超过肩宽，以 20 厘米左右为宜，两脚尖朝向正前方，身体重心落于两脚之间，身体保持直立。双手放在腹部交叉，挺胸、收腹。

② 女士的标准站姿：双脚大致呈 V 形，脚尖开度为 50° 左右，右脚在前，右脚跟靠于左脚内侧前端，身体重心可落于双脚，也可落于一只脚，变换身体的重心可以减轻站立较长时间的疲劳。双手交叉于腹前。

（2）走姿

人的行走姿态是一种动态的美，服务人员在工作时，经常处于行走的状态。行走时要给客人一种标准的动态美感，让客人得到视觉上的享受（图 1-1-4 和图 1-1-5）。

走姿的基本方法和要求如下。

1）身体正直，抬头，眼睛平视，面带微笑，肩部放松，手臂伸直放松，手指自然弯曲。双臂自然地前后摆动，摆动的幅度为 35 厘米左右，双臂外开不要超过 20°。

2）行走时身体重心稍向前倾，重心落在脚掌的前部。脚尖略张开，脚跟先接触地面，着地后保持身体重心在前脚，身体前移。

图 1-1-4　女士走姿

图 1-1-5　男士走姿

3）步速和步幅是行走姿态的重要内容。步速是指行走速度，以 1 分钟为单位，男士应走 110 步，女士应走 120 步，较好的步速能反映出服务人员主动积极的工作态度。步幅是每走一步前后脚之间的距离。在行走时一般不要求步幅过大，因为步幅过大，人体摇摆幅度必然加大，容易发生意外。男士的步幅以 40 厘米左右为宜，女士的步幅为 30 厘米左右即可。

（3）坐姿

女士坐姿和男士坐姿分别见图 1-1-6 和图 1-1-7。

图 1-1-6　女士坐姿

图 1-1-7　男士坐姿

1）坐姿的要求。

① 入座时要轻、稳。

② 入座后上身自然挺直，挺胸，双膝自然并拢，双腿自然弯曲，双肩平整放松，双臂自然弯曲，双手自然放在双腿上或椅子上、沙发扶手上，掌心向下。

③ 头正，嘴角微闭，下颌微收，双目平视，面容平和自然。

④ 应坐满椅子的 2/3，脊背轻靠椅背。

⑤ 离座时要自然、稳当。

2）坐姿的注意事项。

① 坐时不可前倾后仰或歪歪扭扭。

② 不要猛坐猛起，脚尖不要指向他人。

③ 双腿不可过于叉开，或长长地伸出，也不可将大腿并拢、将小腿分开。

④ 不要高架“二郎腿”或“4”字形腿。

⑤ 腿、脚不能抖动，不能脚跟落地、脚尖离地。

⑥ 双手不要放于臀部下面，不要放在两腿中间，也不要双手撑椅子。

总结提炼

内容		要点	错误动作
仪容			
仪表			
仪态	站姿		
	走姿		
	坐姿		

实战演练

按班级人数将学生分组，以小组为单位进行仪容礼仪训练。其中，一名学生模拟化妆；另一名学生配合服饰搭配，包括工作妆及服饰搭配、社交妆及服饰搭配、晚妆及服饰搭配；其他学生做好记录并轮流练习。

任务评价

考核标准	完成	未完成（请描述）
仪容得体		
仪表端庄		
站姿标准、美观		
走姿标准、美观		
坐姿标准、美观		

案例分析

案例一：李扬是刚刚就读某职业教育中心的学生，在开学的第一天，他特意对自己的形象进行了一番修饰：上穿夹克衫，下穿牛仔裤，头戴棒球帽，脚穿旅游鞋。他希望自己能给他人留下精明强干、时尚新潮的印象。然而事与愿违，李扬自我感觉良好的这一身时髦的服饰搭配并没有获得老师和同学的认可。

问题：李扬的错误在哪里呢？

案例二：有一次，孟子的妻子自己一个人在房间里休息，便无所顾忌地将两腿叉开坐着。这时，孟子推门进来，看见妻子这样坐着，非常生气。原来，古人称这种双腿向前叉开坐为“箕踞”，箕踞向人是非常不礼貌的。孟子一声不吭地走出去，看到孟母，便说：“我要把妻子休了。”孟母问他：“这是为什么？”孟子说：“她既不懂礼貌，又没有仪态。”孟母又问：“你为什么认为她没有礼貌呢？”“她双腿叉开坐着，箕踞向人，所以我要休了她。”“那你又是如何知道的呢？”孟母问。孟子便把刚才的一幕说给孟母，孟母听完后说：“那么没有礼貌的人应该是你，而不是你妻子。难道你忘了《礼记》上是怎么教人的？进屋前，要先问一下里面是谁；上厅堂时，要高声说话；为避免看见别人的隐私，进房后，眼睛应向下看。卧室是休息的地方，你不出声、不低头就闯了进去，已经先失了礼，怎么能责备别人没有礼貌呢？没有礼貌的人反而是你自己呀！”一席话说得孟子心服口服，他再也不提休妻了。

问题：

1）孟子的行为有什么不当的地方？

2）你受到什么启发？

检测练习

一、判断题

1. 人际交往中，仪容传达出最直接、最生动的第一信息。（　　）
2. 既然佩戴了饰物，就应该尽量地展示出来以显示自己的形象。（　　）
3. 一个人的服饰选择只与个人的喜好有关，而与其所处场合和身份无关。（　　）
4. 站立的时候，身体重心应该在两腿的中间。（　　）
5. 坐的时候，应该将椅子坐满，上身挺直。（　　）

二、不定项选择题

1. 校徽应当佩戴在（　　）。

A. 胸前　B. 右胸前　C. 衣服下摆左侧　D. 衣服下摆右侧

2. 中职生的仪容修饰要做到（　　）。

A. 清洁　B. 恰当　C. 自然　D. 合体

3. 站立时，两脚跟相靠，脚尖开度为（　　）。

A. 脚尖并拢　B. 15°～30°　C. 30°～45°　D. 45°～60°

4. 行走时，双臂自然摆动的幅度为（　　）厘米左右。

A. 25　B. 30　C. 35　D. 40

5. 对着装认识不正确的是（　　）。

A. 着装体现着一个人的文化修养和审美情趣

B. 着装是一个人的身份、气质、内在素质的外在表现

C. 着装完全是个人行为，没有必要考虑别人的感受

D. 着装与企业形象有关

场景二

生活交往

知识目标

了解在寝室及食堂等场合同学之间相处的基本要求。

技能目标

1. 能正确处理同学之间的交往礼仪。
2. 能遵章守纪，做到互相尊重、互相关爱、团结友爱。
3. 能在学校生活中符合文明礼仪的要求。

任务一 室友相处

【任务描述】张红的家离学校较远，需要在学校住宿。她搬到寝室后，发现寝室有 8 名同学。张红很高兴，她决定要和室友相处好。

知识储备

1. 遵守学校的规章制度

遵守学校学生寝室的管理制度，按时洗漱和就寝，不做学校禁止的行为，如吸烟、酗酒、赌博等。

2. 爱护公物

要爱护一切公共设施，养成节约用水，随手关闭水龙头、灯、门窗的习惯；不在墙上乱写、乱画、乱钉；不损坏寝室区的各种设施，如无意中损坏，应主动报告并自觉赔偿；不私自安装、接通电源和使用超大功率的电灯泡、电熨斗及电炉，不在寝室做饭、使用明火等。

使用公共设施时，应遵循先后顺序，有特殊情况时应先向同学说明缘由，获得对方同意后再使用，并表示感谢。对于有特殊情况的同学要给予关心与照顾，主动礼让，先人后己，创建和谐的生活环境。

3. 保持寝室卫生

1）要自觉保持卫生，爱护集体荣誉。不能有不愿清理的消极想法，每个人都应该积极地投入寝室的清理工作中。

2）值日生自觉按时打扫寝室，包括地面、桌椅、橱柜和门窗等。主动搞好公共卫生，保持寝室整洁美观。将垃圾及时倒入垃圾通道内，不要堆放在走廊过道处。

3）不向窗外和走廊泼水、乱扔果皮杂物等；不往水池、便池内倒剩菜剩饭。

图 1-2-1 内务整理

4. 整理内务及摆放物品

1）被褥要折叠得整齐美观，并统一放在指定位置；床单不许露出床边；床上用品要保持干净、整洁（图 1-2-1）。

2）衣服、水杯、饭盒、热水瓶等，要整齐地放在规定的地方。

3）搞好个人卫生，衣服要勤换洗，床铺要勤打扫，换下的衣服、鞋袜等必须及时洗干净，以免时间长了产生异味。

4）重要的书、衣服、用品等，不要乱

丢乱放，应放在自己的橱柜内。

5. 与室友相处

室友间应该相互关心和照顾。但要注意关心是有限度的，过分热心于别人的私事，会引起别人的反感，甚至造成严重的后果。

总结提炼

内容	要点	错误动作
遵守学校的规章制度		
爱护公物		
保持寝室卫生		
整理内务及摆放物品		
与室友相处		

实战演练

学生分小组练习上课时正确的课堂礼仪。

1）整理课桌，调整好桌椅距离。

2）集体起立，避免发出大的声响。

3）上课时和老师互相问好。

4）下课时和老师告别。

5）行鞠躬礼。

6）集体落座，避免发出大的声响。

任务评价

考核标准	完成	未完成（请描述）
同学之间互相尊重、互相关心		
准时到教室		
集体起立，避免发出大的声响		
师生间行礼规范		

案例分析

小明经常在午饭后或晚自习结束后到其他同学的寝室，他常常随意坐在空闲的床上，还把脚放在凳子上，和同学大声聊天，导致该寝室同学对他产生反感。

问题：针对小明的做法，你觉得有什么不妥之处？应该怎样改正？

任务二 食堂就餐

【任务描述】整理完寝室，已经到了中午，张红拿着碗筷到学校食堂就餐。

知识储备

在食堂就餐时需要遵循如下礼仪。

1）有秩序地进入餐厅，不要冲、跑、挤。

2）进入餐厅用餐时不拥挤、不插队，要互相谦让。

3）如果和师长一起吃饭，要先请对方入座。

4）节约粮食，吃剩的饭粒和菜不要随地乱扔。骨、刺等食物残渣，不要随地乱吐，可将其放到自己准备的其他盛具里。

5）文明就餐，不大声喧哗。打喷嚏、剔牙时应以手掩口，不对着别人。

6）嘴里含有食物时，不要贸然讲话。他人嘴中含有食物时，最好等对方咽完再对其讲话。

7）不要用手擦拭油腻的嘴，应该用餐巾纸擦拭。

8）就餐后及时将餐具、剩饭剩菜等分别放到指定位置，保持就餐地点干净，尊重食堂员工的劳动成果。

总结提炼

内容	要点	错误动作
就餐前		
就餐中		
就餐后		

实战演练

学生分小组练习在食堂就餐时的正确礼仪。

任务评价

考核标准	完成	未完成（请描述）
有序排队		
杜绝浪费		
保持食堂卫生		

案例分析

1）插队。插队是不文明现象。由于食堂一般就餐人数比较多，每到饭点，学生就会排队买饭菜。看到队伍前面有熟人，在队伍后面排队的人便会往前挤，顺其自然地加入打饭的“阵营”，全然不顾后面人的感受。

2）代打饭。代打饭和插队都是不文明的现象，某些学生来食堂买饭时间晚了，不是先去排队，而是在长长的队伍中寻找熟人。一旦发现有认识的同学，他便挤到队伍中，招呼同伴顺便帮其打一份饭菜，全然不顾后面排队的人。

3）占位。占位也是不文明现象。人们吃饭时喜欢围在一起边吃边聊。正因为这样，先打完饭的人往往会占许多位子，这种情况在学校食堂尤为突出。经常看到虽有一大堆空位，却被打饭人用东西占位。

4）浪费。食堂饭菜浪费现象非常严重，随处可见。

问题：在学校遇到以上情况，你应该怎样处理？

任务三 平 时 交 往

【任务描述】在学校期间的学习和生活是丰富多彩的，张红很快就融入了新的大家庭中。学校犹如一个小社会，张红也很努力地学习在不同场合与同学之间的交往方式。

知识储备

平时交往中需注意以下方面。

1）要注意个人礼仪修养，应做到服装整洁、表情自然、仪表端庄、动作优雅、举止文明、讲究卫生。

2）要努力做到站如松、坐如钟、行如风。

3）同学之间要互相尊重、团结友爱，主动帮助有困难的同学，尊重他人的生活习惯，不给同学起侮辱性的绰号。

4）遇到同学时要主动打招呼，对同学要热情礼貌，保持微笑。不管自己处在什么位置，都不要用命令的口气和同学说话。

5）当别人遇到困难或发生不幸时，不要幸灾乐祸、挖苦讽刺，而应尽力帮助他。

6）和对方谈话时，对同学的优点不妨坦白说出，但不应阿谀奉承。不要当众嘲讽别人的短处，应多肯定别人的优点和进步。不在同学面前论长道短、搬弄是非。

7）课余时常主动和同学交谈，增进了解，促进感情。学习成绩好的同学不要自傲。班干部应平易近人。

8）遇事不斤斤计较，对同学的过失或冒犯要宽宏大量，多为别人着想。不要凡事都向老师报告。

9）多帮助别人，不要摆出“事不关己，高高挂起”的姿态，尽量多为同学提供方便。

10）要讲信用，答应别人的事要尽力办到，做不到时要表示歉意，求得同学谅解。

11）与同学谈话时要注意场合，掌握分寸，态度要诚恳、谦虚，不要左顾右盼、心不在焉，或表现出倦怠或不耐烦；不要轻易打断别人的谈话，需要插话或提问时，一定要事先有所示意；发现同学说话欠妥或说错，应在不伤害他人自尊心的前提下恳切、委婉地将错误指出来。真诚对待每一位同学，不说使别人感到伤心羞愧的话。

12）在集体生活中，要顾全大局，遵守规章制度，坚持原则，不我行我素。

总结提炼

内容	要点	错误动作
团结友爱		
自尊自爱		
尊重他人		

实战演练

设置以下障碍，培养学生运用正确的礼仪进行交往的能力。

1）上课时同桌一直与你说话。

2）同学把你的秘密告诉了其他同学。

3）体育课上，你不小心把同学撞倒。

任务评价

考核标准	完成	未完成（请描述）
尊重同学的隐私		
正确地与同学交往		
原谅同学的过失或冒犯		

案例分析

小红说话、做事不拘小节，每次回教室不是使劲敲门，就是用脚踢门。同学对她说的秘密，她会让全班同学都知道；对于其他同学遇到的困难她虽然热情相助，但一定会追根究底。时间长了，同学们渐渐开始疏远她，她很纳闷自己为什么如此热心却得不到同学的友谊。

问题：小红的问题在哪里？你有什么解决方法？

一 检测练习

一、不定项选择题

1．中职生必须禁止的行为有（　　）。

A．吸烟　　B．酗酒　　C．赌博　　D．上网

2. 下列学生的言行举止不符合礼仪要求的是（　　）。

A. 小燕仪表端庄，着装得体，讲究卫生

B. 小刚在升国旗仪式上与同学相互打闹

C. 小亮得到同学帮助后，真诚地说了一声“谢谢”

D. 小雪进老师办公室之前先敲门，经允许后才进入

3. 以下在食堂就餐时错误的行为有（　　）。

A. 进餐厅时不要冲、跑、挤等

B. 排队时，有朋友在前面，可以插到朋友的前面

C. 骨、刺等食物残渣，应留在餐桌上而不能丢在地上

D. 口中含有食物时，不要贸然讲话

4. 寝室相处时，错误的行为有（　　）。

A. 不在墙上乱写、乱画、乱钉

B. 及时将垃圾扔出窗外，不要留在寝室

C. 将脏袜子等藏在被褥下，不要随意放在外面

D. 对室友要恰当地关心、照顾

5. 下列谈话方式符合礼仪要求的是（　　）。

①谈话时双方要互相正视、互相倾听　②看书看报时面带倦容、哈欠连天

③说话时言语和气、态度诚恳　④听课时东张西望、心不在焉

A. ①③　　B. ①④　　C. ②④　　D. ②③

6. 礼仪在不同场合有不同的要求，要想使自己在家庭、学校和各类公共场所的言行举止符合礼仪要求，就必须注意个人的礼仪修养。就在学校的个人礼仪来说，表现为（　　）。

①举止文明　②动作优雅　③佩戴首饰　④容貌整洁

⑤表情自然　⑥服装整洁　⑦仪表端庄　⑧讲究卫生

A. ①②③④⑤⑥⑦　　B. ②③④⑤⑥⑦⑧

C. ①③④⑤⑥⑦⑧　　D. ①②④⑤⑥⑦⑧

二、分析说明题

小王在长辈面前跷着“二郎腿”夸夸其谈；小郑一边与同学交谈一边玩游戏；客人来访时，小刘穿着拖鞋、背心、短裤接待。

1）上述学生的做法是什么行为？

2）常用的三种合乎礼仪的姿态是什么？

场景三

团队学习

知识目标

1. 了解如何组建团队并融入团队。
2. 掌握如何与老师、同学融洽相处，有规矩、懂礼貌。

技能目标

1. 能合理组建并管理团队。
2. 能强化责任意识。
3. 能进行即时有效的反馈。

任务 团队交往

【任务描述】张红入学半年后感到心理压力很大，整天精神紧张，难以放松。原来她在中学时在各方面的表现都很突出，经常得到赞扬，自我评价颇高。进入学校后，她认为其他同学比自己条件好、运气好，仍然不如自己能干，因此她常常苛求他人，与同学相处不好。可是经过几次部门面试和考试后，她的表现平平，开始感到恐慌、紧张，压力增大，自尊心受损，变得自卑起来，自我评价降低，羞于与同学相处，处处避人，认为别人都看不起她。

知识储备

1. 谈吐礼仪

正确使用礼貌用语“请”“您”“您好”“谢谢”“对不起”“没关系”“再见”。

1）尊称（敬称）：对长辈、友人或初识者称“您”；对师长、社会工作人员称呼其职务或“老师”“师傅”“同志”“叔叔”“阿姨”等，不能直呼其姓名。

2）对他人提出要求时说“请”；与人打招呼时说“您好”；与人分手时说“再见”；给人添麻烦时说“对不起”；别人向自己致歉时回答“没关系”；受到别人帮助表示感谢时说“谢谢”。

2. 体态礼仪

1）微笑：不露牙齿，嘴角微上翘，表示对他人友好。

2）鞠躬：下级对上级、晚辈对长辈、个人对群体的礼节。行鞠躬礼时，脱帽，立正，双目注视对方，面带微笑，然后身体上部向前倾斜自然弯曲15°～30°，低头，眼向下看。有时为深表谢意，上体前倾的幅度可再大些。

3）握手：与人见面或离别时常用的礼节，也是向他人表示感谢、慰问、祝贺或鼓励的礼节（图1-3-1）。

图1-3-1 握手

① 握手前起身站立，摘下手套，用右手与对方相握。

② 握手时双目注视前方，面带微笑。

③ 一般情况下，握手不必用力，握一下即可，朋友间可握得久些或边问候边紧握双手。

④ 除了朋友之间以外，一般握手时间以 3～4 秒为宜。

⑤ 多人同时握手时不要交叉，待别人握手后再伸手，依次相握。

4）招手：公共场合遇到相识的人离自己有一段距离时或送客人走出一段距离时，举手打招呼并点头致意。招手时手臂微屈，手掌伸开摆动。

5）鼓掌：表示喜悦、欢迎、感激的礼节。双手有节奏地相击，鼓掌要适时适度。

6）右行礼让：在校园、上下楼梯、楼道或街道上行走时靠右侧行进。遇到师长、客人、长辈、女士、残疾人、军人进出房门时，主动开门侧立，让他们先行。

3. 课堂礼仪

1）上课礼仪。上课的铃声响起时，学生应端坐在教室里，恭候老师上课。当老师宣布上课时，全班应肃立，向老师问好，待老师答礼后，方可坐下。学生应当准时到教室上课，若因特殊情况不得已在老师上课后进入教室，应先得到老师允许，方可进入教室。

2）听讲礼仪。在课堂上，要认真听老师讲解，注意力集中，独立思考，对重要的内容应做好笔记。要尊重老师，遵守课堂纪律。

3）服饰礼仪。课堂上，学生不可穿奇装异服和过于暴露的服装；发型自然大方，不可烫发染发；除了特殊情况经过老师允许外，不得穿拖鞋进入教室；男女同学一律不得佩戴饰品，除老师对课堂的学习要求外，不得带手机。

4）姿态礼仪。坐要正、立要直、行走要稳健。坐是一种静态造型，坐姿不正确显得懒散无礼貌。端庄优美的坐姿会给人文雅、稳重、大方的美感。

坐姿的要求：腰背挺直，肩放松，两腿自然弯曲，两脚平稳着地，女生双膝并拢，男生双膝可分开一些，但不可超过肩宽，两手放在双膝上。

站姿的要求：站正，两脚跟相靠，身体不要东倒西歪，不可单脚轻浮地抖动，手不可在身体前后摆动。

5）语言礼仪。课堂上发言要举手，经老师许可后起立发言。发言时仪态要大方，不得故作松垮姿势或引人发笑的举止。和老师谈话时应注视老师，谈话中不应做其他的事，不要随便打断老师讲话，也不要东张西望。当老师提问时，如要回答，应先举手，在老师点到自己名字后，方可站起来回答，不可随便插话或抢先答话。老师点到自己而自己又不能作答时应站立端正，以抱歉的语气向老师表明，待老师许可后方可坐下。对老师在课堂上的提醒和批评，不得顶撞。如有意见，可在课后向老师提出。

6）相处礼仪。同学之间应友好团结、相互尊重、真诚帮助。同学有了错误、缺点要诚恳地提出批评或提供帮助。学习上应互相帮助，向同学借东西或提问题时态度要谦虚、诚恳，要使用礼貌语言。

7）下课礼仪。下课铃响时，若老师还未宣布下课，学生应当专心听讲，不要忙着收拾书本，推拉桌子发出声响。老师宣布下课时，全体同学起立，与老师互道“再见”。待老师离开教室后，学生方可离开。

4. 其他礼仪

1）在图书馆、阅览室应爱护报纸杂志，并及时归还。看书时要注意保持安静和清洁，走动时要放轻脚步，交谈时应该尽量简短、轻声，不抢占座位，文明阅览、姿势端正，注意用眼卫生。要轻拿、轻翻、轻放图书报刊，不能因自己需要某些资料而损坏图书，也不能私自剪裁图书。借阅图书应按期归还。

2）遇见来校宾客，应热情地打招呼、主动介绍，友好待客；外校或外班老师来本班听课时，课前礼貌问候，课上认真听讲、踊跃发言。

3）遇见外宾，以礼相待，不卑不亢，热情友好，并尊重对方的习俗。

4）进出校门或其他单位时应主动出示证件，接受门卫检查时不得做出粗暴的反应或其他不良表现。

总结提炼

内容	要点	错误动作
理论课团队学习		
实训课团队学习		

实战演练

1. 组建并融入团队

先让学生做自我介绍（姓名、来自学校、爱好等），形式如下：手拉手围成一个圈，相互认识（串名字）；让学生尽可能记忆其他学生的名字，然后通过举手决定谁第一个做自我介绍，谁最后一个做介绍，并说明原因；相互认识后，先问第一个学生记住了几个人的名字，再问最后一个学生记名字有没有想象中的那么难，其他学生以掌声鼓励。

2. 团队建设活动

1）风中劲草：10 人一组，中间一人为草，双手交叉紧贴于胸前，双目闭合；其他人肩抵肩围成一圈，双脚前后呈弓步，双手成掌前伸；中间的人膝盖绷直，后倒或者前倾直到周围人接到他，然后轻轻地将其推向对面。让学生体验小组的信任。

2）解手链：两人一组，各围成一圈，一只手握住对面同学的一只手，另一只手握住其他同学的手，然后想办法解开。

3）圆球游戏（3 个球）：20 人一组，小组所有人按顺序从第一个学生到最后一个学生依次将三个球按 1、2、3 的顺序传递，最后按顺序回到第一个学生手里。在传递过程中，每人必须触及到球，用时最少者胜出，球掉地上加 10 秒。鼓励学生开拓思维。

4）沟通能力（每人一张纸，组织者发命令，所有人闭眼按要求做，看结果是否一致）：将纸对折，再对折，再对折，撕下右上角，然后打开看结果。

5）集体造句（每人一个字，最后要完成一个句子）。

任务评价

考核标准	完成	未完成（请描述）
理论课上和同学融洽相处，共同探讨学习		
实训课上和同学一起切磋技艺，共同进步		

案例分析

在一次课堂教学中，皮老师播放了武隆天生三桥景区的视频，并将景点介绍发给每个学生，然后提出："这是武隆天生三桥景区的介绍和视频，请同学们仔细阅读介绍，认真观看视频，然后小组讨论完成任务：总结天生三桥景区的主要景点和特征，完成导游词的撰写。"课堂上学生以小组形式开始讨论，气氛很活跃，但是每个小组中都会有一两位学生主导讨论，频频发表着自己的意见，其他学生有的在听，有的根本就没有参与，而是做自己的事情。讨论停止后，老师请各组展示成果时，也总是学习能力较强、表现欲望较强的几位学生展示，大部分学生并没有完全参与进去。

问题：

1）出现这种现象的原因是什么？

2）我们应怎样融入小组学习中？学习过程中应注意哪些礼节？

检测练习

一、不定项选择题

1．在握手时，不正确的表现有（　　）。

A．伸右手　　B．戴着手套

C．用力适度　　D．交叉握手

2．手势语运用中，切忌谈话时伸出食指指点（　　），这是一种不礼貌的行为。

A．天空　　B．自己

C．对方　　D．物品

3．正确握手的时长一般为（　　）。

A．3～4 秒　　B．5～6 秒

C．0 秒　　D．10 秒以上

4．在图书馆和阅览室阅览完毕后，应将所阅览的资料（　　）。

A．随便放　　B．放回原处

C．放在桌子上　　D．带走

5．在学生尊师礼仪中，不正确的是（　　）。

A．进入教师办公室前须经过允许

B．与老师说话过程中可以东张西望、抓耳搔腮

C．教师进入教室时，学生起立问好

D．下课铃响后就可离开教室

二、判断题

1．与同学发生争执时应先冷静，理智面对。如果无法解决应及时找老师帮助或与同学协调。（　　）

2．保护好学校的公共设施应该做到不在墙上乱写乱画，不在课桌椅上乱写乱画，不用脚踹门。（　　）

3．在楼道或进出门、上下楼梯时与老师相遇应主动打招呼，但不必让其先行。（　　）

4．在进行小组讨论时，应小声发言，不影响他人。（　　）

5．同学的回答有错误时，应马上打断并纠正对方的错误。（　　）

场景四 活动交往

知识目标

1. 掌握集合集会的基本礼仪规范。
2. 掌握在校园观看晚会、比赛等的基本礼仪规范。
3. 掌握晚会主持人、演员、观众等的礼仪规范。

技能目标

1. 能规范运用校园活动过程中的相关礼仪。
2. 能遵循不同类型校园活动的礼仪规范。

任务一 举行集合集会和升旗仪式

【任务描述】根据学校的规定，一般每周一学校会举行升旗仪式，在升旗仪式之前体育老师组织大家集合并按规定队形站好，然后在主持人的带领下举行升旗仪式。张红及其他同学在集合集会和升旗仪式中应该注意哪些礼仪规范？

知识储备

1. 集合集会礼仪

集合集会（图 1-4-1）是一种团体活动，在集会时间里，大家或排队站立，或以方阵形式就座，其中的一言一行、一举一动都能体现一个班级的班风和班貌。

图 1-4-1 集合集会

1）集合列队要安静、迅速、整齐。
2）提前入场，在指定位置站好，静候仪式或集会开始。
3）集会中要耐心倾听发言人讲话，讲话结束后应礼貌地鼓掌。
4）集会过程中不交头接耳，不擅自走动或离场。
5）不在会场吃零食，不乱扔果皮纸屑，保持会场清洁卫生。

2. 升旗仪式礼仪

升旗仪式（图 1-4-2）礼仪要求如下。

图 1-4-2 升旗仪式

1）以班级为单位，在学校统一划定的区域内面向国旗站立。

2）准时参加升旗仪式，不得无故缺席，也不能迟到。

3）按照学校的要求统一穿着校服，佩戴校徽。

4）在升国旗、奏国歌的过程中，必须保持肃静，立正、脱帽，向国旗行注目礼。

5）唱国歌时，态度要严肃，声音要整齐响亮，表达出爱国情怀。

6）认真聆听国旗下的讲话、值周讲评，不得随便说话、议论。

7）升旗仪式结束以后，有序离开操场，不要拥挤，不得高声喧哗，更不得起哄打闹。

总结提炼

内容	要点	错误动作
集合集会礼仪		
升旗仪式礼仪		

实战演练

1）参加学校的集合集会和升旗仪式，担任一次临时的学校文明礼仪监督员，监督全校班级学生的集合集会和升旗仪式情况，并做好记录。评比出文明班级，小组讨论并谈一谈此次活动的收获。

2）将本班学生进行任务分工，分角色完成一次集合集会仪式，小组组长做好记录，最后评比出优秀小组。

任务评价

考核标准	完成	未完成（请描述）
学习态度端正		
有一定的团队协作与沟通能力		
符合相应的礼仪规范		

案例分析

周一早上，学校按惯例在操场上举行升旗仪式。舒婉早上起来的时候肚子疼得特别厉害，但她依然坚持提前来到操场。在升旗仪式中，她仍旧端正地站在班级的队伍中，此时她头上冒着汗珠。升旗仪式结束后，她终于忍不住蹲了下来，同学们赶忙把她送到学校的医务室。

问题：你认为舒婉病得这么厉害还要坚持参加升旗仪式的原因是什么？升旗仪式时应有什么样的态度？

任务二 参加篮球运动会

【任务描述】学校准备召开一次篮球运动会，作为 2012 级导游 1 班的班长，张红要组织班上同学观看篮球比赛，并为班级同学加油助威。在比赛过程中，张红及该班的同学应该遵守哪些行为规范？

知识储备

篮球运动是一项对抗性强、对队员的综合素质要求高、强调集体协调配合的集体性运动项目。篮球运动技术较简单，但战术复杂多变，既强调对抗性又有较强的娱乐性，既注重运动员的个人发挥又强调团队协同配合，是一项在全世界普及的运动。

为观众奉献一场精彩的比赛是运动员的职责，但运动员技术、战术水平的发挥需要观众的配合。观众的欢呼、呐喊、助威将给予运动员无限的动力，但是观众的不文明观赛行为，如发嘘声、谩骂运动员或裁判员、向场内投掷矿泉水瓶等将影响比赛的进行。学校举办体育比赛的一个重要目的就是通过比赛进一步凝聚人心、愉悦身心、强身健体、鼓舞斗志、巩固团结、促进和谐。观看比赛的每一位观众的一言一行都代表着班级的形象。文明观赛，注重观赛礼仪，是每位观众应遵守的基本准则。

1）观众进出场地要有序，一般要提前到达场地，这是对运动员、教练员和裁判员最基本的尊重。玻璃瓶、易拉罐饮料不允许带进赛场，只能带软包装饮料，垃圾要用方便袋或者纸袋自行带出。观众最好在比赛的节与节之间或者上、下半场结束后如厕或者买饮料；观看比赛时不要坐在通道的台阶上。

2）观众的衣着要整洁、大方；进入体育场后不要吸烟；比赛进行中不要随意走动；将手机关机或设置为振动、静音状态；不能随意使用闪光灯，尤其在队员执行罚球时。

3）在比赛入场仪式上，当现场主持人逐一介绍双方比赛队员时，观众要为每一位球员鼓掌。比赛结束后，如进行颁奖，观众应等场内所有仪式结束后再离场。

4）比赛中，要注意在为己方球队加油助威时，不要使用带有侵犯对方球队的语言；要为双方的精彩表演鼓掌，不要利用嘘声影响比赛、打压对手；不要对着啦啦队队员指手画脚，也不要使用带有挑衅性的肢体语言。

5）良好的互动是篮球比赛中不可缺少的环节，它可以激起运动员的热情，使其更好地投入比赛。观赛过程中，可以随现场具有强烈节奏的背景音乐为双方的运动员加油呐喊。

6）爱护场内公共设施。

总结提炼

内容	要点	错误动作
观众进出场		
观众衣着		
比赛入场仪式上		
比赛中		
与运动员互动		
场内公共设施		

实战演练

班级内部以小组为单位组织一场篮球比赛，一些学生扮演运动员，两名学生扮演裁判，其余学生扮演观众，每个小组推荐一名学生扮演文明礼仪监督员并做好记录。比赛结束后，小组讨论并发言。

任务评价

考核标准	完成	未完成（请描述）
观众进出场地要有序，提前到达场地，垃圾要用方便袋或者纸袋自行带出		
观众的衣着要整洁、大方，不吸烟，不要随意走动；将手机关机或设置为振动、静音状态。不随意使用闪光灯		
现场主持人在逐一介绍双方比赛队员时，观众要为每一位球员鼓掌		
不使用带有侵犯对方球队的语言；要为双方的精彩表演鼓掌，不影响比赛、打压对手；不要对着啦啦队队员指手画脚，也不要使用带有挑衅性的肢体语言		
与运动员互动良好，可以激起运动员的热情		
爱护场内公共设施		

案例分析

今天是高二年级男子篮球比赛的最后一场比赛，此次比赛将决定谁是冠军。为了观看这场精彩的比赛，啦啦队队员提前来到比赛现场。在比赛过程中，作为观众的李华大声地呐喊并辱骂对方班级的队员。比赛结束之后，操场上一片狼藉，打扫卫生的同学无奈地摇了摇头。

问题：在这个过程中出现了哪些不文明的行为？

任务三 参加晚会

【任务描述】为了迎接高一新生的到来，学校将举行一场精彩的迎新晚会，张红和李明受学校的委托将担任此次晚会的主持人，高二和高三年级的部分学生将参加此次演出。

知识储备

学生经常会参加各种各样的活动，每逢节假日学校都会举办各种各样的文艺晚会。文艺晚会是指晚上举行的以演出文娱节目为主要内容的群众聚会，属于大型活动，场所大，人数多，要求特殊，所涉及的人员主要有主持人、演员、观众等。在晚会现场应该遵循什么礼仪规范呢？

1. 晚会主持人礼仪

一个人不能没有灵魂，一部电影不能没有导演，同样，一场晚会也不能没有主持人。在晚会中，主持人（图 1-4-3）需要带动现场气氛，激发表演者的创新能力，更要调动观众的情绪，使其融入晚会主题氛围中。所以，晚会前期准备工作中，选定主持人是关键的一步。主持人要具备良好的外形条件，口齿清晰，音色悦耳，思维敏捷，具有良好的应变能力。主持人的礼仪主要包括以下内容。

图 1-4-3　主持人

1）主持人应衣着整洁、大方庄重、精神饱满，切忌不修边幅。男主持人应发型整齐、面容整洁。女主持人可以化浓妆，服装、配饰可华丽典雅。走上表演台时，男主持人应步伐稳健有力，女主持人应步伐轻盈。行走速度应由晚会性质决定，一般来说，气氛热烈的晚会步速应慢一些。

2）站立主持时应双腿并拢、腰背挺直，男主持人呈小“八”字步站姿，女主持人呈“丁”字步站姿。持稿时，右手持纸稿中部，左手五指并拢并自然下垂。双手持稿时，应与胸部同高。坐着主持时，应身体挺直、双臂前伸，两只手按于桌沿。报幕时要注意向观众行 15° 鞠躬礼或点头礼。主持过程中，切忌出现搔头、揉眼等不雅动作。

3）主持人应口齿清楚，思维清晰，语句停顿准确、缓急有度、简明扼要。

4）主持人应根据晚会实际情况、节目类型来调动观众的情绪，或庄重，或活泼，或幽默。

5）主持人不能向会场上的熟人打招呼，更不能寒暄，在休息时间可以微笑、点头示意。

2. 晚会演员礼仪

一场晚会是否精彩，最关键的就是晚会节目如何，而节目是由演员（图 1-4-4）表演的，演员的一举一动代表了演员素质的层次水平，甚至是晚会的节目质量水平。演员要做到以下几点：

1）尽心表演，恪尽职守，发挥正常，格调高雅。

2）尊重观众，这常常比演技更重要，更能受到观众的欢迎。

3）善待同行，与同行相互支持，积极合作，齐心协力地把晚会办好。所以，演员应该提高自身修养，规范言行，在表演中结合自身专业表演特点的需要，做好舞台礼仪的工作，以期演出成功。

图 1-4-4　演员

3. 晚会观众礼仪

晚会的主旨是宣扬晚会主题，给观众（图 1-4-5）带来一定的积极意义。观众不仅有欣赏节目的权利，也有自觉遵守晚会礼仪的义务。出席一场晚会应当注重一定的礼仪规范。

图 1-4-5　观众

（1）着装礼仪

观众要根据出席晚会的具体形式选择服装，或庄重严肃，或活泼轻松。观看戏剧、舞蹈、音乐或综合性晚会时适宜着正装、连衣裙。衣着总体要求干净整洁，不能穿背心、拖鞋、短裤，也不能赤膊或者赤脚。

（2）入场礼仪

一般在演出开始前 15 分钟左右，观众应进入场所。要求观众提前入场，一方面是为观众着想，使观众有时间与亲友会合，领取节目单，存放衣帽，寻找座位，熟悉环境；另一方面是为了维护演出秩序，演出一旦开始，观众若随便进出，就会影响其他观众，也是对演员的不尊重。在极其特殊的情况下迟到后，入场时一定要放轻脚步，旁边观众协助自己入座时一定要向其致谢。

（3）就座礼仪

一般来讲，观众应尊重组织者的安排，持票排队入场，凭票按号入座。在寻找自己的座位时，若有领位员在场，最好请其带路或予以指点。若无领位员，自己最好从左侧向前行进，逐排寻找座位，决对不能为省时省事而从别人座位上踩过或跨过。在走向自己座位的途中，应有礼貌地向已落座的观众致歉，尽量不要与其他观众有身体接触。如果自己的座位被别人坐着，切不可争执，应主动出示自己的门票，必要时请工作人员处理。落座时要优雅，不能发出响声，不能东倒西歪，切忌脚乱伸、跷“二郎腿”。一旦落座就不能随意进出，也不可随意与他人调换座位。

（4）观看礼仪

观看演出时，既不能影响演员，也不能影响其他观众。观众要全神贯注、专心致志。不要交头接耳，切不可大声评论，可以适时对同伴给予照顾；进入会场后，手机最好关机，或调成静音或振动状态；不要在演出现场吃带壳的食物，或者喝易拉罐类的饮料，这些都可能成为噪声之源、垃圾之源；要禁止吸烟，避免发生意外；不要心不在焉，如看报纸、看杂志、听音乐等，看演出时，做自己的事都是不礼貌的行为；不要随便走动，中途离开时一定要低头、弯腰，尽量不要打扰别人。

（5）鼓掌礼仪

晚会进行中支持和鼓励演员鼓掌，常采用的形式。演员登台或表演结束时，观众要给予热烈友善的掌声，以表示欢迎或者感谢；在演出过程中，当出现高潮或特别精彩的演出时，也可以适时地鼓掌；在演出结束后，全体观众起立时，可以有经久不息的掌声。如果遇到节目不好或者不喜欢的演员，切忌喝倒彩、吹口哨，这是极其不礼貌的行为。

总结提炼

内容	要点	错误动作
晚会主持人礼仪		
晚会演员礼仪		
晚会观众礼仪		

实战演练

参加一次学校的文艺晚会，担任一次学校文明礼仪监督员，监督晚会的文明礼仪情况并做好记录。晚会结束后小组讨论此次晚会中主持人、演员和观众的文明礼仪情况。

任务评价

考核标准	完成	未完成（请描述）
主持人衣着整洁、大方庄重、精神饱满、妆容恰当		
站立主持时，应双腿并拢、腰背挺直，男主持人呈小“八”字步站姿，女主持人呈“丁”字步站姿		
主持人口齿清楚，思维清晰，语句停顿准确、缓急有度、简明扼要		
主持人能调动观众的气氛		

案例分析

案例一：学校的元旦晚会中，女主持人李云湘穿着一身职业装，扎着马尾辫，化了淡妆。

问题：李云湘的穿着打扮适合什么场合？作为主持人的她如何穿着打扮才是比较恰当的？

案例二：学校的周年庆晚会气氛异常热烈，演员和观众的热情高涨，晚会开始 20 分钟后电子班的学生才进场。因为天气较热，部分男学生赤裸着上半身，并且该班学生在观看晚会中不断地随意走动，有的学生甚至一直站着，遮住了后面观众的视线，现场观众对此极其不满。

问题：如果你是该场晚会的文明礼仪监督员，你会如何指导该班学生文明观看演出？

检测练习

一、单项选择题

1．集合列队要做到安静、整齐和（　　）。

A．严谨　　B．严肃　　C．微笑　　D．迅速

2．在升旗过程中全校师生应以（　）姿势站好。

A．稍息　　B．立正　　C．跨立　　D．互相依靠

3．升旗仪式中一般要演唱（　）。

A．《义勇军进行曲》　　B．《我的祖国》

C．《学习雷锋好榜样》　　D．《感恩的心》

4．学校的升旗仪式一般定在（　　）举行。

A．周四　　B．周三　　C．周二　　D．周一

5．观看篮球比赛时手机应处于（　　）状态。

A．飞行　　B．关机或者静音

C．开机响铃　　D．都可以

6．观看篮球比赛时如要上卫生间，最好选择在（　　）。

A．运动员罚球时　　B．节与节之间

C．换人时　　D．随时都可以

7．晚会女主持人应（　　）

A．化淡妆　B．化浓妆　C．化烟熏妆　D．素颜

8．晚会女主持人在主持中的标准站姿是（　　）。

A．呈小“八”字步　B．双脚并拢

C．呈“丁”字步　D．双脚分开，与肩同宽

9．晚会开始前（　　）分钟，观众应入场。

A．30　B．60　C．15　D．90

10．在观看晚会时，（　　）属于礼貌行为。

A．吹口哨　B．用闪光灯　C．鼓掌　D．看报纸

二、多项选择题

1．观看晚会时可以穿（　　）。

A．皮鞋　B．运动鞋　C．凉鞋　D．拖鞋

2．一场晚会所涉及的人员主要有（　　）。

A．演员　B．主持人　C．观众　D．校医

3．作为观众出席一场晚会应当注重（　　）。

A．着装礼仪　B．入场礼仪　C．就座礼仪

D．观看礼仪　E．鼓掌礼仪

4．以下符合集合集会的礼仪规范的是（　　）。

A．列队要安静、迅速、整齐

B．提前入场，在指定位置站好，静候仪式或集会开始

C．集会中要耐心倾听发言人讲话，讲话结束后应礼貌地鼓掌

D．集会过程中交头接耳，擅自走动或离场

E．不在会场吃零食，不乱扔果皮纸屑，保持会场清洁卫生

5．以下符合升旗仪式的礼仪规范的是（　　）。

A．统一着装，穿整洁的校服

B．佩戴校徽参加升旗仪式

C．在升国旗、奏国歌的过程中，必须保持肃静

D．立正、脱帽，向国旗行注目礼

三、判断题

1．观看晚会时一旦落座就不能随意进出，不可随意与其他人调换座位。（　　）

2．晚会主持人在报幕时要注意向观众行 90° 鞠躬礼或点头礼。（　　）

3．晚会过程中一定要支持演员，鼓掌是重要的表现形式。（　　）

4．晚会主持人要具备良好的外形条件，口齿清晰，音色悦耳，思维敏捷，具有良好的应变能力。（　　）

5．鼓掌是篮球场上必不可少的，它可以激起运动员的热情，使其更好地投入比赛。（　　）

项目二　导游服务礼仪

场景一

出团前服务

知识目标

1. 了解出团前准备工作及其重要性。
2. 熟悉电话礼仪，掌握接打电话礼仪。
3. 掌握导游人员的仪容仪表礼仪。

技能目标

1. 能在出团前做好知识储备，并在导游服务过程中更好、更完整地实施接待礼仪。
2. 能使用标准的电话礼仪落实接待事宜（联系客人并落实住宿、就餐、交通工具等）。
3. 能将导游人员仪容仪表的知识运用于实际工作中。

任务 出团前的工作

【任务描述】导游小李接受旅行社的委派，拿到旅游接待计划书，她需要在出团前做好准备工作。

知识储备

1. 出团前准备

认真做好出团前的各项准备工作是导游员接团成功的基础。出团前，小李应该做好以下准备工作。

1）熟悉接待计划，即熟悉旅游接待计划中的全部内容，包括导游团团号、接待人数（包括男女人数、小孩人数及宗教信仰情况等）、组团社、地接社名称及地址、联系人电话、领队及全陪导游的姓名、收费标准、出入境地点及航班、活动项目、享受标准及有无特殊要求等。

2）落实各项工作，即确认落实旅游团所需的交通、食宿及各类票据的工作，联系与旅游团活动有关的接待部门，以及游客特殊要求的接待部门。

3）做好心理准备，即导游员要做好条件艰苦复杂及可能出现突发事件的心理准备，也要做好个别游客挑剔、抱怨、指责和投诉的心理准备。

2. 电话礼仪

电话是现代生活中最常见的通信工具，在日常生活中，我们往往能通过电话粗略地判断对方当时的情绪。导游很多时候需要通过电话与游客、酒店、餐厅等联系，因而掌握正确的电话礼仪是非常必要的。

（1）拨打电话的礼仪和注意事项

1）拨打电话的基本礼仪。在拨打电话时，必须把握通话的时间、内容和分寸，使通话时间适宜、内容精练、表现有礼。

① 遵守5W1H通话要点。

Why，指打电话的理由。通过此次电话要达到什么目的？这个电话是不是非打不可？这些是在打电话之前需要考虑清楚的，以保证电话沟通的有效性。打电话也要占用工作时间，能节省的尽量节省。

What，指打电话所要传达的内容。为了使电话沟通达到最好效果，应该事先准备好所要讲述的内容，并思考采用何种方式传达信息，使对方容易领会。

Who，指打电话的对象。通话对象可能是总经理，也可能是普通职员，在接通电话后首先需要确认接电话者是不是自己所要通话的人。接电话的对象不同，使用的礼貌用语也不同。不管接听对象是谁，在称呼对方时都应该满足对方的优越感，以获得相应的回报。

When，指选择对方比较合适的时间。避免在对方工作忙碌、例会、用餐、休息等时间打电话，平时多注意收集详细资料，建立客户档案，从而获得对方较高的认同。

Where，指确定与客户约会的具体地点。打电话之前应该大致选好约会地点，通常选择两家公司之间的某个地方。

How，指如何在电话中恰当地表达主题。在无法完成约定时，应该选择较妥善、能够让客户接纳的语言。简单的抱歉话语是很难让客户接受的。

② 通话时间适宜。把握好通话时机和通话长度，既能使通话更富有成效，反映通话人的干练，也反映出对通话对象的尊重。通常，10 点～11 点 30 分、14 点～16 点是打电话最有成效的时段。反之，如果在受话人不便的时间通话，就会造成尴尬的局面，非常不利于双方关系的发展。如果把握不好通话时间，谈话过于冗长，就会使对方产生负面情绪。因此，打电话时要遵守 3 分钟原则，长话短说。

③ 内容精练。打电话时忌讳语言啰唆、思维混乱，否则很容易引起受话人的反感。通话内容精练、简洁是对通话人的基本要求。

第一，预先准备。在拨打电话之前，尽量梳理出清晰的顺序。做好准备后，在通话时就会心中有数，也会给受话人留下良好印象。

第二，简洁明了。电话接通后，通话人对受话人的讲话要务实，在简单的问候之后就直奔主题，不要讲空话、废话，更不要偏离话题、节外生枝。

④ 表现有礼。通电话时，不仅仅要坚持使用“您好”“请”“谢谢”等礼貌用语，更重要的是控制语气语调。在通话时要态度和蔼、声调温和而富有表现力，语气适中，语言简洁，口齿清晰，使人感到亲切自然。

2）拨打电话的注意事项。

① 切忌一边吃东西一边打电话。

② 除非紧急情况，否则不能在别人用餐时间或休息时间打电话。

③ 电话四周避免放置易被打翻的物品。

④ 如果拨错电话，务必向对方道歉。

⑤ 打电话前排除杂声。

⑥ 轻放电话，勿摔话筒。

⑦ 电话旁应准备记事本和笔。

⑧ 通常应由长辈、客户、上司先挂电话，平辈则由打电话者先挂电话。

（2）接听电话的基本礼节和技巧

1）接听电话的基本礼节。

① 左手持听筒。大多数人习惯用右手拿电话听筒，但是，在与客户进行电话沟通中往往要做文字记录，如果选择将话筒夹在肩膀上，稍有不慎，电话就会掉下去并发出刺耳的声音，给客户带来不适。为了消除这种尴尬现象，建议左手拿听筒、右手写字或操作电脑，轻松自如地达到与客户沟通的目的。

② 电话铃响三声内迅速接听电话。如果电话铃声响过三声之后还无人接听，会让对方产生不好的印象。如确实因其他原因没能在铃响三声内接听电话，那么拿起听筒时应首先向对方道歉。

③ 快速、礼貌地报出公司名称。电话接通之后，接电话者要主动向对方问好，并立刻报出本公司或者部门的名称，如“您好，这里是××公司……”

④ 确定来电者的身份、姓氏。电话是沟通的重要方式，很多公司的电话是通过前台转接的，因此确定来电者的身份非常重要。如果接听者没有问清楚来电者的身份，在转接遇到他人询问时就难以回答清楚。在确定来电者的身份时，要给予对方亲切、随和的问候，以免对方不耐烦。

⑤ 清楚对方来电的目的。清楚对方来电的目的，有利于接听者采取合适的处理方式。接听者应清楚以下问题：本次来电的目的是什么？是否可以代为转告？是否一定要指名者亲自接听？是一般性的电话销售还是电话往来？……公司员工都应该积极承担责任，不要因为不是自己的电话就心不在焉。

⑥ 通过声音传递表情。在接听电话时，要注意声音和表情。接听者的态度是能够通过声音传递的，声音好听、亲切和真诚会让客户产生来公司拜访的冲动；反之，则会损害公司形象。

⑦ 保持正确的接听电话的姿态。接听电话过程中，应该始终保持正确的姿态。当身体稍微下沉、丹田受到压迫时，声音常常无法正常发出。因此接听者要保持端坐的姿势，这样声音就会自然、流畅、动听。

⑧ 复述对方来电要点。通话结束之前，要复述对方来电要点，防止记录错误或出现偏差，特别是对会面的时间、地点、联系电话、区域号码等信息必须进行核查，避免出现错误。

⑨ 道谢并表达祝福。道谢也是基本礼仪。来者是客，以客为尊，不要因为不直接面对客户而认为其不重要。客户是公司的重要资源，公司的成长、盈利的增加都与其密切相关。公司员工应该对客户心存感激，向他们道谢并送出祝福。

⑩ 让对方先挂电话。在接听电话的过程中，要先让客户挂电话。

2）接听电话的基本技巧。

① 确定对方尊称及电话号码。接听电话时，需要确定如何称呼对方、对方拨打电话是否有误等。出现对方拨打有误时，态度不要粗鲁，也不要急于挂掉电话，应尽可能地给予对方帮助。

② 真心诚意地应答并表示感谢。与客户的通话应该是真心诚意的。在电话沟通过程中，可能会遇到难缠的客户，应注意不要对其表现出个人情绪，要始终保持心胸开阔和个性沉稳。必要时，及时向对方表示感谢。

③ 对答时不矫揉造作。接电话时尽量温柔，不要大喊。如果一开口便说“你哪里”“找谁”“干啥”等，客户可能会有两种反应：着急挂电话或者采用更重的口气。温柔并不代表装腔作势或者矫揉造作，一定要把握好尺度。

④ 专心应答，勿词不达意。通话过程中，接听者应始终专心应答，千万不要词不达意。若接电话的同时还做其他事情，没有听清楚客户说话并要求其复述时，很可能让客户不耐烦。

3. 仪容仪表礼仪

（1）仪容礼仪

在日常生活中养成讲卫生、爱清洁的习惯，不仅是导游员个人文明的表现，也是导游员职业礼仪的基本要求。上岗前，导游员应保持良好的仪容礼仪（图 2-1-1）。

图 2-1-1　整理仪容

1）头发应保持清洁和整齐。注意经常梳洗，不留头屑，长短适宜，不梳怪异发型。头发被吹乱后，应及时整理，但不可当众梳头，以免失礼。

2）牙齿应保持洁净。洁白的牙齿会给人以美感。导游员应坚持早晚刷牙、饭后漱口；带团前忌吃葱、蒜、韭菜等带有异味的食物，必要时可用口香糖或茶叶来减轻口腔异味。

3）为保持面容光泽，女士可化淡妆，但不要当众化妆或补妆。男士应修短鼻毛，不蓄须。

4）注意手部清洁。指甲应及时修剪，不留长指甲。指甲内保持清洁，不涂抹有色指甲油。

（2）仪表礼仪

在服饰穿戴方面，导游员除了应遵循职业工作者的基本服饰礼仪规范要求外，还应注意以下五个方面。

1）按照旅行社或有关部门的相关要求统一着装。无明确规定者，则以朴素、整洁、大方且便于行动的服装为宜。带团时，导游员的服装不可过于时尚、怪异或花哨（图 2-1-2），以免喧宾夺主，使游客反感。

2）无论男女，导游员的衣裤都应平整、挺括。特别要注意衣袖、衣领应干净；袜子应经常换洗，不得带有异味。

3）男士不得穿无领汗衫、短裤，或者赤脚穿凉鞋参加外事接待活动。女士可赤脚穿凉鞋，但趾甲应修剪整齐。穿裙装时，注意袜口不可露在裙边之外。

4）进入室内，男士应摘下帽子，脱掉手套；女士的帽子允许在室内戴。无论男女，在室内都不可戴墨镜，如有眼疾，非戴不可，则应向他人说明原因。

图 2-1-2　花哨的服装

5）带团时，一般除了婚戒外，导游员佩戴的饰物不宜过多。

总结提炼

内容	要点	错误动作
形象礼仪		
打电话礼仪		
接电话礼仪		

实战演练

（1）电话礼仪情景模拟

导游任红在拿到出团计划书并仔细阅读后，立即与领队王先生进行电话联系，核实游客人数及所乘坐交通工具班次，确认客人信息后，立即落实客人的住宿、餐饮和抵站后使用的交通工具。

1）分小组模拟与客人电话联络的情景。

任红仔细阅读出团计划书后，拨通了领队王先生的电话，电话铃响了三声后，王先生接听了电话。

王："喂，您好！"

任："喂，您好，请问是王先生吗？"

王："是的，请问您是？"

任："王先生，您好，我是你们即将参加的武隆两日游的导游任红。"

王："任导，您好。"

任："王先生，我打电话主要是想和您核实团队基本信息。我们团队一共是31人，其中女游客20人，男游客10人，小孩1人，是这样吗？"

王："是的。"

任："好的。王先生，团队乘坐的交通工具是由广州发往重庆的火车，车次是K202，抵达武隆的时间是5月10日中午12点30分，正确吗？"

王："是的，正确。"

任："王先生，武隆最近几天的气温都在28℃左右，但是因为是山区，早晚温差较大，所以请王先生通知团里其他客人带一件外套，抵御早晚温差，并请穿上轻便的鞋子，便于行走。"

王："谢谢您的提醒。"

任："王先生，关于这次旅游，您有需要另外交代的注意事项吗？"

王："没有。"

任："那好，王先生，我的电话24小时保持畅通，若您有什么需要，请随时联系我。在这里我祝您旅途愉快，再见！"

王："再见！"

2）分小组开展与酒店电话联络的情景模拟表演。

任红在与客人取得联系，核实基本情况后，通过打电话向酒店订房。

酒店："您好，武隆渝珠花园酒店！"

任:“您好，我是武隆皇城国旅的导游，要预订5月10日的标准间，请问还有房间吗？”

酒店:“5月10日还有房间，请问您贵姓？”

任:“姓任，我需要预订5月10日的普通标准间15间，房间要能看江景，在同一楼层，不要靠近电梯口。”

酒店:“好的，任小姐。那请问为您保留房间到几点？”

任:“保留房间到10日晚上10点。”

酒店:“好的，任小姐，请允许我重复一下您的订单。任小姐，您预订的是5月10日的普通标准间15间，房间要江景房，在同一楼层，不靠近电梯口，为您保留房间到晚上的10点。任小姐，请问还有需要更正或补充的吗？”

任:“没有了。”

酒店:“任小姐，方便留下您的联系方式吗？”

任:“13812345678。”

酒店:“好的，任小姐。请问您还有什么需要吗？”

任:“没有了。”

酒店:“好的，任小姐。谢谢您的预订，祝您生活愉快，再见!”

任:“再见!”

3）分小组开展与餐厅电话联络的情景模拟表演。

任红在与客人取得联系，核实基本情况后，通过电话向餐厅订餐。

餐厅:“您好，农家饭餐厅!”

任:“您好，我是武隆皇城国旅的导游任红。”

餐厅:“您好，任小姐，请问有什么可以帮您的吗？”

任:“我需要订餐，5月10日中午的午餐，三桌，每桌餐的标准为300元，客人是广东人，饭菜不要过于辛辣。”

餐厅:“好的，任小姐，请允许我重复一下您的订单。您预订的是5月10日的午餐，三桌，每桌餐的标准为300元，客人是广东人，饭菜不要过于辛辣，请问正确吗？”

任:“正确。”

餐:“任小姐，还有其他需要吗？”

任:“没有了。”

餐厅:“任小姐，谢谢您的预订，祝您生活愉快，再见!”

任:“再见!”

4）分小组开展与大巴车司机小张电话联络的情景模拟表演。

张:“您好，我是义友汽车租赁公司小张。”

任:“您好，我是武隆皇城国旅的导游任红。”

张:“任小姐，请问有什么能为您效劳的吗？”

任:“您好，张师傅，5月10日中午12点20分在武隆火车站接K202次火车的客人。”

张:“好的，任导。”

任:“10日上午我会提前联系您的，如果车队安排有变动，也请您告知我，谢谢。”

张:“好的。”

任:“祝我们合作愉快，再见。”

张:“再见。”

（2）仪容仪表礼仪

三名学生为一组，根据导游服务穿戴礼仪，做好妆容和服饰准备：化淡妆，将长发扎成马尾，穿上运动装和运动鞋，背上背包。

任务评价

考核标准	完成	未完成（请描述）
接打电话礼貌，无口头禅，语音清晰		
化淡妆适度，不浓妆艳抹		
外表洁净光亮，服饰搭配合理		

案例分析

新加坡利达公司销售部文员刘丽要结婚了，为了不影响公司的工作，在征得上司的同意后，她请自己最好的朋友陈红暂时代理她的工作，时间为一个月。陈红刚毕业，没有经验，刘丽把工作交代给她，并鼓励她努力干，准备在度蜜月回来后推荐她接替自己。有一天，经理外出了，陈红正在公司打字，电话铃响了，陈红与来电者的对话如下：

来电者："是利达公司吗？"

陈："是"。

来电者："你们经理在吗?"

陈："不在。"

来电者："你们是生产塑胶手套的吗？"

陈："是。"

来电者："你们的塑胶手套多少钱一打？"

陈："1.8 美元。"

来电者："1.6 美元一打行不行？"

陈："不行。"

说完，来电者"啪"地挂上了电话。

上司回来后，陈红也没有把来电的事告知上司。

问题：陈红在接打电话中犯了哪些错误？

知识拓展

（1）争辩激动型游客及应对方法

一般来说，争辩激动型游客大多数为人处世好胜心强，无论什么问题和事情都要提出异议和反驳。另外，他们在与别人争论时往往显得很激动，脸色较难看，说话声音大，语速快，常出言不逊，经常伤害别人的自尊心。因此，导游员对待此类游客要有充分的思想准备，防止与游客发生冲突。

对待争辩激动型游客的基本态度是不要被对方卷入毫无意义的争辩中。有时可以表示对某种观点和意见赞同，同时努力转移争辩话题，也不要让对方难堪。另外，在与此类游客打交道的过程中，要注意保持头脑冷静，不要伤害他，始终和他保持一定的交往距离。游客与你争辩或情绪激动时，你要克制自己的情绪，等到游客说完，再慢慢地进行诱导。在诱导过程中，一要态度和气；二要说话论据充足，论证正确合理；三要速战速决，防止再度引发新一轮的争辩；四要维护游客的自尊心，不伤和气和感情。

（2）猜疑型游客及应对方法

猜疑型游客的最大特点是遇事生疑。他们不仅对导游员及其他游客都持猜疑的态度，而且对旅游团队所发生的事情与问题也持怀疑态度，这类游客猜疑的本性主要是由个人的性格所决定的。虽然这些游客对旅游团队不会造成较严重的不良影响，但如果导游员不加注意或不认真对待，也会给导游员带来一定的麻烦，更会给旅游团队活动的顺利开展带来不利影响。

导游员在与游客打交道的过程中，首先要尽快熟悉和了解游客的性格。一般来说，猜疑型游客的表现与其他游客的表现有所不同，导游员不仅可通过“察言观色”获得某种信息，也可从言行举止上得到证实。所以，对待猜疑型游客，导游员要谨慎接待，既要摒弃怕麻烦的思想，又要在态度和行动上落落大方。在与他们打交道时，尽量避免使用模棱两可的语言，不仅要表现出事事有信心、处处有把握的姿态，而且说话要有理有据。

另外，导游员要严格按照旅游接待计划书的内容组织活动，一般不要随意改动旅游节目，即使需要调整也必须事先清楚，态度要热情诚恳，使游客信赖自己。

检测练习

一、单项选择题

1．接打电话时要（　　）。

A．趴在床上　　B．嚼口香糖

C．同时接听两部以上电话　　D．面带微笑

2．打电话时要遵守（　　）原则。

A．2 分钟　　B．3 分钟　　C．4 分钟　　D．5 分钟

3．导游带领游客游览芙蓉洞时应穿（　　）。

A．高跟鞋　　B．人字拖鞋

C．松糕底鞋　　D．运动鞋

4．下列关于电话接听基本礼节的表述不正确的是（　　）。

A．保持正确的姿势

B．复诵来电要点

C．道谢后，随即挂上电话

D．保持悦耳的声音和良好的表情

5. 报出自己所在公司名称和部门后，询问对方的身份时，最恰当的说法是（　　）。

A. “请问您尊姓大名？”

B. “你是谁？”

C. “你是……，或者……，再或者……？”

D. “你叫什么名字？”

6. 5W1H 通话要点中的“1H”指的是（　　）。

A. 对方适宜的通话时间

B. 如何在电话中恰当地表达主题

C. 打电话的理由

D. 商谈的细节

7. 电话接听完毕之前，为了减少偏差，需要做的事情是（　　）。

A. 主动报上公司名称及自己的职务

B. 保持正确的姿态

C. 复诵来电要点

D. 清楚对方的目的

8. 你想与客户的高级主管通电话，但与你交谈的是普通职员，此时正确的做法是（　　）。

A. 拒绝与普通职员交谈

B. 态度变得松懈

C. 语气傲慢无礼

D. 仍然保持原有的口吻和态度

9. 关于拨打电话的基本礼节，下列表述错误的是（　　）。

A. 为了缓和气氛，和对方玩猜谜游戏

B. 打电话者要主动终止通话

C. 事先列好通话清单

D. 电话接通后，先征询对方是否方便接听电话

10. 一般来说，让来电者等候的时间不能超过（　　）秒。

A. 10　　B. 7　　C. 5　　D. 8

11. 客户在电话中评论公司的另一客户，你应当（　　）。

A. 向客户提供有关另一位客户的信息

B. 就客户所说发表评论

C. 倾听客户的评论，不发表意见

D. 转移话题

12. 关于接打电话的细节，下列说法错误的是（　　）。

A. 通话过程简单、明了

B. 语速要快，传达信息量多

C. 多用尊称

D. 频频应答对方

二、多项选择题

1．在打电话时，把握通话的时间、内容和分寸，会使通话（　　）。

A．时间适宜　　B．内容精练

C．表现有礼　　D．轻松愉快

2．打电话最有效的时段是（　　）。

A．任何时间　　B．10点～11点30分

C．自己空余时间　　D．14点～16点

三、判断题

1．挂电话时通常应由长辈、客户、上司先挂电话，平辈则由受话者先挂电话。（　　）

2．导游应化浓妆，以此表示对游客的尊重。（　　）

3．带团时，一般除了婚戒外，导游员佩戴的饰物不宜过多。（　　）

4．带团时，导游员的服装穿着应时尚、怪异或花哨，便于游客识别。（　　）

5．导游可以涂抹有色指甲油，以彰显手部的美感。（　　）

6．通话过程中，不要大声回答问题，否则将造成双方疲劳。（　　）

7．对于不同的接电话的对象，礼貌用语的使用都是相同的。（　　）

8．为了达到最佳的沟通效果，最好在他人的休息时间打电话，而不是上班时间。（　　）

9．为了节省通话时间并取得良好的沟通效果，打电话之前和打电话过程中都需要斟酌通话内容。（　　）

场景二

接送站服务

知识目标

1. 掌握接站服务程序及礼仪规范。
2. 掌握引领服务注意事项及礼仪规范。
3. 掌握送站服务程序及礼仪规范。

技能目标

1. 能用规范礼仪为客人提供迎接服务。
2. 能正确地使用初次见面礼仪对客服务。
3. 能按礼仪规范引领客人离（抵）各站点（机场、码头、出入境口岸等）。
4. 能用规范礼仪为客人提供送别服务。
5. 能按礼仪规范迎合客人需求，处理遗留问题。

任务一 站台迎接客人

【任务描述】深圳喜乐迪商贸有限公司为庆祝公司成立30周年，特组织公司员工分批参加重庆市内、大足石刻、武隆6日游，第一批30人由王总带队，于3月9日乘航班CZ3465（8点10分～10点30分）前往重庆，返程航班为CZ3466（11点35分～13点35分）。重庆地接社游逸圈国际旅行社在接到此业务后，委派导游小李接待此团。

小李拿到接待计划后，于3月9日上午7点起床后简单地进行个人修饰，并如数整理出团物品。9点准时到达江北机场等候王总一行30人。10点30分，王总一行准点抵达江北机场，看到“接深圳喜乐迪王总一行贵宾30人”接站牌后，向小李示意。小李看到后，热情地上前迎接、问候，并双手向王总奉上名片，帮助团员提取行李，并等候团员陆续抵达后，做了简单的自我介绍，并核对人数和路线，确认无误后，给司机师傅打电话约定上车地点。

知识储备

导游到车站、机场迎接客人时需注意以下事项。

1）应确认好客人抵达时间并至少提前20分钟抵达，恭候客人的到来，绝不能迟到且让客人久等。

2）接站牌一定要醒目，写清楚需要接的人的公司或者其他信息，名字等重要信息一定要突出，而且内容要表达出对客人的尊称，如“接深圳喜乐迪王总一行贵宾30人”。底色与字的颜色应避开客人的忌讳。

3）应该站在出站口的正对面高举接站牌，或者提前告知客人自己所站的位置，方便客人寻找。

4）接到客人后应主动问候“一路辛苦”“欢迎您的到来”等。

5）自我介绍的方式很多，可以直接口述介绍，也可以制作一张体现自己个性的名片，并双手奉上，给客人留下良好的第一印象。

总结提炼

内容	要点	错误动作
确认抵站时间		
准备接站牌		
到达接站位置		
问候客人		
做自我介绍		

实战演练

演练一：分小组模拟车站接站服务情景。

1）角色分工：按班级人数将学生分组，以小组为单位，一名学生扮演导游员，模拟在车站接待旅游团队客人的情景，其他学生扮演团队客人。

2）小组学生轮流展示。

3）学生互评，教师指导。

演练二：分小组模拟机场接站服务情景。

1）角色分工：按班级人数将学生分组，以小组为单位，一名学生扮演导游员，模拟在机场接待旅游团队客人的情景，其他学生扮演团队客人。

2）小组学生轮流展示。

3）学生互评，教师指导。

任务评价

考核标准	完成	未完成（请描述）
使用礼貌用语，面带微笑		
确认旅游团队抵达的准确时间		
检查导游工作所需物品，尤其是接站牌		
面带微笑，热情主动地问候客人，对客人的到来表示热烈的欢迎，了解客人的特殊要求		
能大方自然地向客人做自我介绍		

案例分析

导游小王接到了从上海飞往重庆的旅游团队，预计飞机在 15 点 40 分到达重庆机场。小王预计从武隆区出发，到达重庆机场需要 3 个小时左右，于是他在上午 11 点 30 分出发。途中，由于高速公路的某一段出现事故，结果堵车 1 个多小时，小王到达重庆机场的时候正好 15 点 40 分，由于飞机延迟了 10 分钟降落，小王虽然非常匆忙，但还是在第一时间接到了客人。

问题：小王的工作有哪些需要改进？

任务二 引领客人

【任务描述】看到旅游大巴缓缓到达，在车水马龙的机场出站口小李高举导游旗子疏导车辆，以便客人通行，并帮助客人提重大行李，时刻提醒客人注意安全。大巴车抵达后，小李站在车头位置，帮扶客人上车，并协助客人将重大行李放入车厢内，仔细清点人数。待客人上车后，小李再次清点人数，确认无错接、无漏接，仔细检查行李存放的安全性，帮助客人拉下扶手、系好安全带后向司机师傅示意启动车辆，开始了重庆市内、大足石刻、武隆6日游。

知识储备

1）接到客人后，导游应主动询问客人是否需要帮助提行李或物品。

2）在走廊引领时，导游应走在客人前面，边走边根据最后一位客人的步调调整自己的步伐速度。

3）上下楼（扶）梯时，导游应该注意客人的安全：引导客人上楼（扶）梯后，走在最后面；下楼（扶）梯时，则客人在后面。如乘电梯，导游应先进入电梯，等客人进入后再关闭电梯门；到达时，导游应按住“开”按钮，让客人先走出电梯。

4）引领客人过马路时，导游应走在客人之前车辆来向一侧，为客人避开来往车辆，保证客人安全通行。

5）旅游巴士抵达时，导游应为客人打开车门，站在车头位置，协助客人登车。登车后导游应检查客人是否到齐，为每一位客人拉下扶手、系好安全带，并检查客人放置在行李架上的行李是否安全。确认无误后，示意司机师傅关闭车门并启动车辆。

总结提炼

内容	要点	错误动作
协助搬运行李		
走廊引领		
楼梯引领		
电梯引领		
马路引领		
客人登车		

实战演练

演练一：分小组模拟走廊引领情景。

1）角色分工：按班级人数将学生分组，以小组为单位，一名学生扮演导游员，模拟走廊引领团队客人的情景，其他学生扮演团队客人。

2）小组学生轮流展示。

3）学生互评，教师指导。

演练二：分小组模拟上下楼（扶）梯、电梯情景。

1）角色分工：以相邻的两名学生为一组，一名学生扮演导游员，模拟为游客提供上下楼（扶）梯、电梯服务，另一名学生扮演团队客人。

2）小组学生轮流展示。

3）学生互评，教师指导。

演练三：分小组模拟过马路引领情景。

1）角色分工：按班级人数将学生分组，以小组为单位，一名学生扮演导游员，模拟过马路时引领团队客人的情景，其他学生扮演团队客人。

2）小组学生轮流展示。

3）学生互评，教师指导。

演练四：分小组模拟客人登车引领情景。

1）角色分工：按班级人数将学生分组，以小组为单位，一名学生扮演导游员，模拟登车引领团队客人的情景，其他学生扮演团队客人。

2）小组学生轮流展示。

3）学生互评，教师指导。

任务评价

考核标准	完成	未完成（请描述）
主动询问并帮客人提拿行李		
能熟练地掌握问候、引领客人的要点		
能描述不同场景引领客人的要点		
面带微笑，能主动问候客人，了解客人的详细情况及合理的特殊要求		
引领手势正确		
语言运用规范得体		
不同场景的引领方法运用正确		

案例分析

导游小李带的团队有两位60多岁的老人。在带团过程中，小李时刻关注他们，上下车、过马路等都尽量给他们提供帮助。小李的行为获得了全团成员的一致赞许。旅行结束后，小李收到了老人的家人寄来的感谢信。

问题：小李的行为能获得全团成员的一致赞许，你认为小李除了给两位老人提供帮助外，他还给全团带来了什么？

任务三 送客服务

【任务描述】在结束重庆6日游的行程后，小李根据客人返程航班CZ3466（11点35分～13点35分），于14日9点30分准时抵达江北机场T2A航站楼，引领客人进入航站楼休息区，并向客人介绍了机场的大致情况，帮助客人换取登机牌，托运行李。10点30分，小李办理完相关手续，召集各位团友向他们表示了衷心的感谢和美好的祝愿，听取客人的意见，收齐团队客人意见单，询问客人是否有遗留事项需要帮助并做好统计。10点50分，小李带领团友走向了安检通道，依依不舍地向各位团友挥手道别，在全部团友都进入等候区域后，小李才快步奔向轻轨站，返回公司完成各项手续，准备以美好的心情迎接下一批客人的到来。

知识储备

1）抵达机场后，导游应将客人引领至统一的休息区，并向游客介绍站点厕所、购物区及乘坐飞机的注意事项等，告知客人航班号及航班时间。

2）导游应帮助客人换取登机牌，礼貌地询问客人是否有需要托运的行李及其他需要处理的善后事宜，并做好记录，事后认真落实客人委托的事项。

3）在客人即将进入安检通道时，导游应用合适的声调再次向客人表达感谢、祝愿，但注意不要影响其他乘客。

4）当客人一一进入安检通道后，导游应站在安检口用合适的方式向每一位客人道别，如握手、拥抱、挥手等。目送每一位客人进入等候区，再次挥手道别。待客人完全远离自己的视线后方能离开安检口。30分钟后，若无客人寻求帮助，导游才能离开送站点。

总结提炼

内容	要点	错误动作
抵达机场		
讲解公共场所相关事项		
换取登机牌		
安排行李托运		
道别		
完成遗留事宜		

实战演练

分小组模拟送站服务情景。

1）角色分工：按班级人数将学生分组，以小组为单位，一名学生扮演导游，模拟送站客人的情景，其他学生扮演客人。

2）小组学生轮流展示。

3）学生互评，教师指导。

任务评价

考核标准	完成	未完成（请描述）
确认并告知旅游团队返航交通工具的准确时间		
了解换取登机牌的操作流程		
了解办理托运的相关规定及流程		
面带微笑，在站台向客人讲解相关事项		
应用合适的声调再次向客人表达感谢、祝愿和依依惜别之情，注意不要影响其他乘客		
向委托处理善后事宜的客人再次确认委托事项		

案例分析

导游小李将客人带到机场后，简单地向客人介绍了乘机的注意事项和航班情况，便让客人休息等候，自己也放松下来。在客人将要接受安检的时候，他发现有一位客人没在队伍里面。这时小李慌了，匆忙地到处寻找客人，最后终于找到客人并顺利通过安检。原来，客人王先生第一次乘坐飞机，不熟悉机场的情况，从卫生间出来后迷路了，他也正在寻找自己的队伍。

问题：

1）小李在将客人带到机场后，出现了什么样的失误？

2）在将客人带到机场后，导游应该向客人介绍哪些内容？

检测练习

一、单项选择题

1．到车站、机场迎接客人，应提前（　　）分钟抵达。

A．10　　B．15　　C．20　　D．30

2．为自己制作一张独特的名片，并用（　　）奉上。

A．右手　　B．左手　　C．单手　　D．双手

3．在走廊引领时，导游应走在客人（　　）。

A．与客人并排　　B．前面　　C．后面　　D．对面

4．当客人一一进入安检通道后，导游应站在（　　），用合适的方式向每一位客人道别。

A．安检口　　B．跟着客人　　C．站台　　D．门口

5．目送每一位客人进入等候区，（　　）分钟后，若无客人寻求帮助，导游才能离开送站点。

A．10　　B．20　　C．30　　D．60

二、判断题

1. 接站时，导游应该站在出站口的正对面，高举接站牌。（　　）
2. 接站时自我介绍的方式很多，但此时不宜使用名片。（　　）
3. 在引领客人上下扶梯时，导游都应该在客人前面引路。（　　）
4. 旅游巴士抵达时，应为客人打开车门并请客人先上车。（　　）
5. 在客人即将进入安检通道时，导游应大声地再次向客人表达感谢、祝愿。（　　）

场景三 入住酒店服务

知识目标

1. 掌握入店服务程序及礼仪规范。
2. 具备一定的酒店常识。

技能目标

1. 能用规范礼仪为游客提供入店服务。
2. 具备一定的语言能力，能向客人简单地介绍酒店的功能区域及功能设施。
3. 能按礼仪规范满足客人合理而可能的需求，具备处理特殊情况的能力。

任务一 协助客人入住

【任务描述】由王总带队的深圳喜乐迪商贸有限公司的旅游团队一行 30 人来到具有“南国牧场”“山城夏宫”之称的武隆仙女山国家森林公园，并入住五星级华邦大酒店。旅游大巴缓缓行驶到华邦酒店门口时，地陪导游小李已站在酒店门口和迎宾人员一道热情欢迎王总一行。小李向王总双手奉上名片并做了简单的自我介绍，引领团队客人在酒店大堂稍作休息，并为本次旅行团队办理酒店入住手续。

知识储备

1）导游应引领客人一行进入酒店大堂。在引领过程中，女性的标准礼仪是手臂内收，然后手尖倾斜上推并说“请往里面走”（图 2-3-1）。男性要体现绅士风度，手势要夸张，手向外推。同时，站姿要标准，身体不能倾斜。这时，切忌指指点点、随意摆手，也不能双臂抱起或双手抱头。

图 2-3-1　进入酒店

2）导游带领客人到酒店大厅时，应给客人简要地介绍酒店大厅及其主要的功能区域（主要有门厅、总服务台、休息厅、大堂吧、楼（电）梯厅、餐厅和会议室等，其中最重要的是门厅和总服务台。另外，酒店一般还有自己的特色功能区域，要根据各个酒店的实际情况进行介绍（图 2-3-2）。

3）导游应在酒店大堂休息处收集客人的身份证件。使用礼貌用语“您好”“请您”“麻烦您”“谢谢”等，躬身站立，双手接过客人的证件（图 2-3-3）。

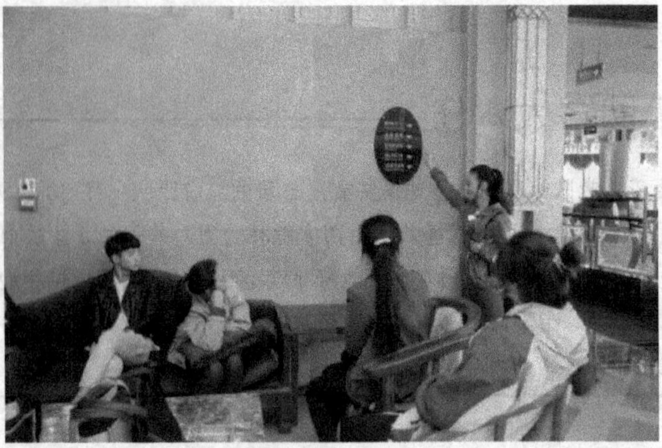

图 2-3-2　介绍酒店

图 2-3-3　收集证件

4）导游应了解团队的基本构成情况，询问特殊客人的住房要求。

5）导游应向总服务台提供团名、团队成员名单、身份证件、旅游团住房要求等，协助总服务台办理入住手续（图 2-3-4）。

图 2-3-4　协助总服务台办理入住手续

6）导游应领取房卡、身份证件，并核对房卡和证件数量。

7）导游分发房卡给客人时应站直身体，面带微笑，双手分发房卡。

总结提炼

内容	要点	错误动作
整理形象		
介绍酒店		
引领客人		
收集证件		
办理入住		
分发房卡		

实战演练

演练一：分小组模拟酒店门口迎接客人情景。

1）角色分工：按班级人数将学生分组，以小组为单位，一名学生扮演导游，模拟在酒店门口迎接客人的情景，其他学生扮演团队客人。

2）小组学生轮流展示。

3）学生互评，教师指导。

演练二：分小组模拟引领客人至酒店大堂情景。

1）角色分工：按班级人数将学生分组，以小组为单位，一名学生扮演导游，模拟引领客人至酒店大堂的情景，其他学生扮演团队客人。

2）小组学生轮流展示。

3）学生互评，教师指导。

演练三：分小组模拟收取客人的身份证件情景。

1）角色分工：按班级人数将学生分组，以小组为单位，一名学生扮演导游，一名学生扮演王总，模拟收取客人的身份证件的情景，其他学生扮演团队客人。

2）小组学生轮流展示。

3）学生互评，教师指导。

演练四：分小组模拟总台办理入住手续情景。

1）角色分工：按班级人数将学生分组，以小组为单位，一名学生扮演导游，一名学生扮演总台服务员，模拟办理入住手续的情景，其他学生扮演团队客人。

2）小组学生轮流展示。

3）学生互评，教师指导。

任务评价

考核标准	完成	未完成（请描述）
引领客人进入酒店过程动作标准		
简要介绍酒店大厅及其主要的功能区域		
收集客人的身份证件		
知晓团队的基本构成情况，询问特殊客人的住房要求		
向总服务台提供团名、团队成员名单、身份证件、旅游团住房要求等		
领取房卡、身份证件，并核对房卡和证件数量		
分发房卡		
面带微笑，热情主动地在酒店门口迎接客人		
微笑地引领客人进入酒店大厅		
顺利收取客人的身份证件		
能协助总台服务员迅速、准确、无误地办理客人入住手续		

案例分析

导游小李带着一行 47 人的团队到达酒店后，告诉客人需要自己携带身份证去总台登记住宿并领房卡。酒店前台早就做好了准备，听到导游的安排，只好逐个进行身份证登记，核对房间号，再分发房卡。结果，这个过程持续了一个多小时，客人非常不满，酒店前厅也在这一个多小时中处于混乱的状态。

问题：小李有哪些做得不好的地方？如果你是小李，你会怎么做？

任务二 照顾客人行李进房

【任务描述】在小李进行简单介绍后，深圳喜乐迪商贸有限公司王总一行 30 人对入住饭店的设施设备及周边环境有了一定的了解，此时小李的任务就是照顾团队客人行李进房。

知识储备

1）核对行李件数。客人下车后，导游应上车检查是否有遗留物品，清点行李车上的行李件数，检查行李有无破损（图 2-3-5）。

2）导游应做好与酒店行李员的交接工作，并签字确认，双手将行李单交还给行李员。

3）照顾客人行李进房。酒店行李员送完行李后，导游到客人房间询问情况。如有破损和无人认领的行李，协助行李员及时处理。

4）引领客人乘坐电梯时，导游应注意不要带错电梯。客人在进入电梯前，导游应先进并做好电梯服务，既要尊重周围的乘客，又要照顾好服务对象。如果由酒店服务员引领，则应该请客人先进。出电梯时，让客人先出电梯（图 2-3-6）。

图 2-3-5　核对行李

图 2-3-6　电梯服务

总结提炼

内容	要点	错误动作
核对行李		
填写交接单		
照顾客人行李进房		
乘坐电梯		

实战演练

演练一：分小组模拟导游与饭店行李员交接行李情景。

1）角色分工：按班级人数将学生分组，以同桌为单位，一名学生扮演导游，另一名学生扮演饭店行李员，模拟导游员与饭店行李员交接行李的情景。

2）同桌角色扮演互换。

3）学生互评，教师指导。

演练二：分小组模拟查看游客行李及设施服务情景。

1）角色分工：按班级人数将学生分组，以小组为单位，一名学生扮演导游，模拟查看游客行李及设施服务的情景，其他学生扮演团队客人。

2）小组学生轮流展示。

3）学生互评，教师指导。

演练三：分小组模拟乘坐电梯礼仪服务情景。

1）角色分工：按班级人数将学生分组，以小组为单位，一名学生扮演导游，模拟乘坐电梯礼仪服务的情景，其他学生扮演团队客人。

2）小组学生轮流展示。

3）学生互评，教师指导。

任务评价

考核标准	完成	未完成（请描述）
知晓行李运送的方式		
熟悉饭店行李交接单		
知晓敲门通报的礼仪规范		
具备一定的语言表达能力		
具备一定的礼仪手势		
能以最快的速度核对行李件数		
能顺利地与饭店行李员办好交接		
能填写行李交接单		
能做好乘坐电梯礼仪服务		
能迅速地查看客人行李及房间设施是否完好		
具备解决超常服务的能力		

案例分析

导游小李带着一行 30 人的团队在昆明某酒店入住，客人到达一个小时后行李才被送到酒店。行李被送到酒店后，小李和行李员迅速地把行李送到每位客人的房间。到了晚上，状况出现了：有两位客人声称自己房间的行李不是自己的（两位客人的行李被送反了），还有一位客人反映自己的行李出现了严重的破损，且有物品丢失。

问题：在照顾客人行李进房的过程中，小李犯了什么样的错误？如果你是小李，你会怎么处理？

任务三 照顾客人用餐

【任务描述】深圳喜乐迪商贸有限公司王总一行 30 人在房间里稍作休息后，到了用晚餐的时间。小李知道客人坐车疲惫，她要带领王总一行旅游团用好第一餐。

知识储备

1）导游应与旅游团全体成员约定集中用餐的时间和地点。旅游团的第一餐是安排在游客进房前还是进房后，要根据旅游者入店的时间和旅游者的需求而定。如客人到达酒店的时间较晚，客人也比较疲惫，可能就想回到房间休息，这样就可以将第一餐安排在进房间前；如客人到达酒店时间充裕，想先安顿好再用餐，这样就可以将第一餐安排在进房间后。

2）等全体成员到齐后，导游应带领旅游者进入餐厅，向餐厅领座服务员询问本团的桌次，然后带领旅游团成员在指定的餐桌入座（图 2-3-7）。

图 2-3-7　带领旅游者进餐

3）待客人入座后，导游应向其介绍就餐的有关规定，如哪些饮料包括在费用之内，哪些不包括在费用之内；若有超出规定的服务要求，费用由旅游者自理等，以免产生误会。

4）导游应向餐厅说明团内是否有食素的客人，有无特殊的要求或者饮食忌讳。

5）导游应将领队介绍给餐厅经理或主管，以便直接联系。

6）等客人开始用餐后，导游才可以离开餐桌，并且说："祝大家用餐愉快。"

7）如果所带旅游团的第一餐安排在外宴请、品尝风味小吃或用便餐，导游必须提前通知餐厅旅游团的抵达时间、团名、国籍、人数、标准和要求等。

总结提炼

内容	要点	错误动作
集合用餐		
引领客人至餐厅		
介绍餐厅服务		
提供特殊服务		
预祝用餐愉快		

实战演练

演练一：分小组模拟引领客人进入餐厅的礼仪服务情景扮演。

1）角色分工：按班级人数将学生分组，以小组为单位，一名学生扮演导游，模拟引领客人进入餐厅的礼仪服务情景，其他学生扮演团队客人。

2）小组学生轮流展示。

3）学生互评，教师指导。

演练二：分小组模拟用餐前的注意事项情景。

1）角色分工：按班级人数将学生分组，以小组为单位，一名学生扮演导游，模拟导游员在客人用餐前告知注意事项的情景，其他学生扮演团队客人。

2）小组学生轮流展示。

3）学生互评，教师指导。

任务评价

考核标准	完成	未完成（请描述）
掌握旅游者就餐的有关规定		
熟悉团队成员有无特殊要求和忌讳		
熟知餐厅情况		
能向客人介绍酒店的特色餐饮服务项目		
能向客人介绍当地的特色菜肴		
具备在不同场合正确使用礼仪手势的能力		

案例分析

导游小李带了一支从四川来的团队，在进晚餐的时候出现了这样的状况：有两位客人反映他们吃不下饭菜。经了解，原来这两位客人不能吃辣椒。可是这一桌菜都带辣味，虽然大多数菜肴微辣，但也导致这两位客人无法下咽。

问题：小李在安排进餐过程中有什么失误的地方？小李该怎么处理此事？

检测练习

一、不定项选择题

1．服务人员常见的错误手势有（　　）。

A．指指点点　　B．双手抱头　　C．随意摆手　　D．双臂抱起

2．引领客人乘坐电梯时应当注意（　　）。

A．使用正确的电梯　　B．尊重周围的乘客

C．牢记“先出后进”　　　　　　　　D．照顾好服务对象

3．带领客人到酒店大厅时，要向客人简要地介绍酒店大厅及其主要的功能区域，其中最重要的是（　　）。

A．门厅　　　B．总服务台　　　C．休息厅　　　D．大堂吧

4．到达酒店后，导游要与旅游团（　　）约定集中用餐的时间和地点。

A．领队　　　B．重要成员　　　C．全体成员　　　D．酒店接待员

5．导游应将（　　）介绍给餐厅经理或主管，以便直接联系。

A．领队　　　B．重要成员　　　C．全体成员　　　D．酒店接待员

二、判断题

1．导游应向总服务台提供团名、团队成员名单、身份证件、旅游团住房要求等，协助总服务台办理入住手续。（　　）

2．到达酒店后，导游应将行李送到客人房间，不需要与酒店行李员交接。（　　）

3．将客人带到餐厅后，地陪导游就可以离开餐厅。（　　）

4．如有破损和无人认领的行李，导游应协助行李员及时处理。（　　）

5．如客人到达酒店时间充裕，想先安顿好再用餐，导游就可以将第一餐安排在进房间后。（　　）

场景四 导游服务

知识目标

1. 熟悉旅游服务业服务礼仪的基础理论。
2. 了解导游及其基本素质的要求。
3. 掌握导游讲解中标准的态势语。

技能目标

1. 能提供符合礼仪规范的导游讲解服务。
2. 能在导游讲解中熟练地使用态势语。

任务一 带领客人游览

【任务描述】来自四川成都的32人旅行团到武隆参加两日游，第一站是武隆天生三桥景区，地接导游员小李将客人引领至天生三桥景区的检票口，规范有序地为游客提供检票服务。

知识储备

1. 检票

进入景区时，导游员应高举导游旗在团队左前方引领，走在客人左前方的两三步处，与客人的步调保持一致。检票时导游应立于检票口一侧，面带微笑，遇拐弯或有楼梯台阶的地方应使用手势，并对客人说“这边请”或“注意楼梯”等。提醒客人尽量保持团队队列整齐地通过检票口，切忌一哄而入（图2-4-1）。

图2-4-1　检票

2. 引领

导游活动中的引领是指导游员在带团活动中，为明确方向、位置、观赏景物等为旅游者进行的引导和带领。导游员是旅游接待服务的核心人员，旅游者在当地的游览参观活动将在导游员的带领下进行，导游员正确、及时的引领能有效地保持团队的整体性，并提高游览效率（图2-4-2）。

参观游览是整个旅游活动的核心，导游员务必全力以赴地做好工作。进入景区前，导游员应交代注意事项、集合时间和地点，并将游客引领至景区游览示意图前重点说明旅游路线，以防止旅游者走失。在景区游览过程中，导游员应随时注意旅游者，不要和团队距离太远，并有效使用手势、导游旗，手持话筒对游览方向进行指示。引领速度应根据团队年龄、性别而定，注意劳逸结合、张弛有度。

图 2-4-2　引领

3. 清点人数

导游员面对的接待对象大多为旅游团队。团队旅游中的人数清点工作不容忽视。及时、有效地清点人数并保持团队的完整性，既有利于避免旅游者走失，也有利于导游员安排旅游活动，保持旅游活动的时效性。

在景区参观游览过程中，导游员要重视清点人数。在途中休息、就餐、购物等时应随时清点人数。讲解时需要用眼睛余光注意旅游者动向。在清点人数方式上，导游员应多采用走动清点、配合目测人数的方法，切忌用手指指着旅游者点数，这是一种极其不礼貌的举动。对于旅游者数量较大的团队，清点人数应更加仔细，每次清点应重复一次，以防止点漏、点重。

知识拓展

导游员清点人数的技巧如下。

1）默数法。清点人数时，导游员绝对不能用手指指着游客清点，一般采取默数法，也就是以目光点数，同时手垂下或放在身后，心中默数人数。对于人数多的旅游团，在车上清点人数时，可记住剩下几个空座位。

2）分组法。导游员在带游客较多的散客团时，可以在旅程刚开始时，就把游客分为几个小组或几个家庭，并且编组号，从各个小组或几个家庭中选一个人当组长。集合时导游员可以问："请问 1 组人员到齐没有?" 或 "请问一号家庭人员到齐没有?" 这样就可以十分轻松地清点人数。

总结提炼

内容	要点	错误动作
检票		
引领		
清点人数		

实战演练

以小组为单位，一名学生扮演导游，其他学生扮演游客。参考下面所给欢迎词，并结合礼仪知识点，模拟带领游客游览天生三桥景区检票、引领和清点人数的情景。轮流练习，每个学生当一次导游。最后以小组为单位总结知识点。

亲爱的游客朋友们大家好：

欢迎大家来到国家5A级景区天生三桥景区参观游览，我是大家本次行程的导游讲解员任红，大家可以叫我小任或任导。现在，我们所处的位置是景区的入口处，天生三桥景区位于武隆的白果乡与核桃乡的交界处，是武隆的“王牌”景点之一，自《满城尽带黄金甲》之后，《爸爸去哪儿》栏目组和《变形金刚 4》剧组也将这里作为外景拍摄地。天生三桥景区由天龙桥、青龙桥和黑龙桥组成，是亚洲最大的天生桥群，整个景区以山、水、瀑、峡、桥、坑构成了一幅完美的自然山水画卷。为了使大家有一个安全而又愉快的游程，在这里小导给大家两点温馨提示：①请您注意安全，不要攀登悬崖和超越游览路线；②请您配合我们的工作，维护景区的设施设备和游览秩序。谢谢大家。现在请大家拿好手中的电子门票，跟随我一起检票进入。

任务评价

考核标准	完成	未完成（请描述）
正确地引领及检票		
正确地清点人数		

案例分析

重庆武隆的一名地接导游张佳接到一支来自云南昆明的53人旅游团，客人对武隆的一切充满了好奇。按照导游服务流程，在致欢迎词之前，张佳要清点人数。为了避免出差错，张佳先用手指对着客人点数，接着又大声地念客人的名字，客人对张佳的做法表示不悦，张佳却百思不得其解。

问题：张佳到底错在哪里？如果你是张佳，你会怎么做？

任务二　景区讲解

【任务描述】旅行团检票完毕，地接导游小李要带领游客进入景区，并规范地为游客提供导游讲解服务。

知识储备

导游讲解礼仪规范很重要。导游除了具备良好的个人职业素养和专业讲解技术以外，还需要学习站姿、目光、表情、手势、选择艺术、讲解方法等方面的知识（图 2-4-3）。

图 2-4-3　讲解

1. 站姿

站姿能显示导游员的风度。一般来说，导游员讲解时，要挺胸立腰、端正庄重，即“站如松”。导游人员若在车内讲解，必须面对客人站立，肩膀可适当倚靠车厢壁，也可用一只手扶着椅背或栏杆。在景点讲解时，一般不要边走边讲，应停止行走，面向客人站立，重心要稳，做安定的姿势。不可摇摇摆摆，给人焦躁不安的印象；也不可以直立不动，或把手插在裤兜里，更不要做怪异的动作，如抽肩、乱摇头、不停地摆手、舔嘴唇、擤鼻子、拧领带等。

2. 目光

导游讲解是导游员与游客之间的一种面对面的互动，此时双方可以进行“目光交往”。游客往往可以通过导游员的一个微笑、一个眼神、一个手势中加强对讲解内容的理解。讲解时，导游员运用目光的方法有以下几种。

1）目光的接触。这是加强导游员与游客关系的重要因素。导游员在讲解时，既不能一直低头，无视游客，也不能目光一直盯着一个人，这样会使人反感或不自在。

2）目光的移动。导游员在讲解某一景物时，首先要用目光引领游客，然后及时收回目光，再继续投向游客。

3）目光的分配。要注意环顾全部正在听讲解的游客，既可把视线投在最后面的游客的头部，也可不时环顾周围的游客，切忌只注视前面的一些游客，否则会令后面的游客产生被淡忘的感觉。

4）讲解与视线的统一。当讲解内容中出现甲、乙两人对话的场面时，在说甲的话时要把视线略微移向一方，在说乙的话时要把视线略微移向另一方，如此可使听众产生一种临场感。

3. 表情

表情是指眉、眼、鼻、耳、口及面部肌肉运动所表达的情感。美国心理学家艾伯特·梅拉比安在一系列研究的基础上得出了这样的公式：信息的总效果=7%言词+38%语调+55%面部表情。由此可见，面部表情在导游讲解中有着十分重要的作用。

讲解时的面部表情有助于讲解内容的情感表达。如果导游员在讲解时面无表情，没有必要的感情流露，那么他只相当于一部“会说话的机器”。例如，“现在，我们登上了天安门城楼，我想，此刻大家一定和我一样，感到无比兴奋、无上荣光和自豪。”这段话是表达喜悦心情的，如果导游员没有喜悦兴奋的面部表情，就难以使游客感到导游的真情实感，就无法激发游客的感情波澜。

导游讲解不同于艺术表演，面部表情既要准确，又要适度。如果脸上有一定的表情，而缺乏足以表达内心丰富情感的变化，或面部表情过于做作，与所要表达的思想情感不一致、不协调，同样不能收到良好的效果。为此，运用面部表情时必须注意以下四点。

1）要有灵敏感。要比较迅速、敏捷地反映内心的情感。面部表情应该与口语所表达的情感同时产生并同时结束，在时间上要同步，表情时间过长或过短、稍前或稍后都不合理。

2）要有鲜明感。导游员的面部表情要明朗化，即每一点细微的表情变化都能让游客觉察到，那种似笑非笑、模糊不清的表情是难以给人以美感的。

3）要有真实感。导游员的面部表情要表里如一，要让游客感到你的表情是真实的，是发自内心的，而不是华而不实的。

4）要有分寸感。运用面部表情要把握一定的“度”，做到适可而止。以“笑”为例，导游员可根据讲解情感的变化，有时可表现为“朗笑”，有时可表现为“莞尔一笑”，有时可表现为“微笑”。讲解时不可用艺术表演的表情。艺术性太强的表情往往过于夸张，在导游员讲解的情景中，会显得不自然、不真实，有碍于导游员讲解的真实性。

总之，怎样运用好讲解的表情语，其取决于导游员自己的细心琢磨。

4. 手势

讲解时的手势，不仅能强调或解释讲解的内容，而且能生动地表达讲解语言所无法表达的内容，使讲解生动形象，使游客看得见、悟得着。手势在讲解中的作用有以下三种。

1）表达导游讲解的情感，使之形象化、具体化，即“情意手势”。例如，在讲“我国的社会主义现代化建设一定会取得成功”时，可用握拳的手有力地挥动，既可渲染气氛，也有助于表达情感。

2）指示具体的对象，即“指示手势”。例如，“现在我们来到了王府井大街，这里是北京最繁华的商业街。东边的（用手指东边）是东安市场，西边的（用手指西边）是百货大楼，这（用手指向中心）是王府井大街的心脏部分。”

3）模拟状物，即“象形手势”。如当讲“有这么大的鱼”时，可用两手食指比一比。当讲到“五公斤重的西瓜”时，可用手比成一个球状。

在哪种情况下用哪种手势，应视讲解的内容而定。在手势的运用上必须注意：一要简洁、易懂；二要协调合拍；三要富有变化；四要节制使用；五要忌用对方忌讳的手势。

5. 选择艺术

1）讲解时机的选择。针对游客的不同心理，导游员应选择不同的讲解时机。一般应选择在游客最愿意听、气氛最热烈的时候讲解，即在游客最渴望了解景物时讲解，效果会更好。

2）讲解地点的选择。导游员应善于从景观、情趣和环境三个方面选择最佳的讲解地点。有些景观只有在特别的角度才能体现其特征，导游员应选择最佳地点来进行讲解。在选择讲解地点时还应注意不影响其他旅客的正常参观。

3）讲解对象特点的选择。导游员讲解不可能面面俱到，因此针对不同的讲解对象，要选择具有代表性的方面讲解。

6. 讲解方法

1）顺序型讲解。它是按照游前讲解、途中讲解、景点讲解和游后讲解四个阶段的顺序，依次进行的讲解方法。

2）交错型讲解。它是导游员交错地运用横向和纵向的知识对景点进行说明的一种方法。

3）重点型讲解。它是一种以重点带一般的讲解方法。

4）悬念型讲解。它是在讲解过程中制造悬念，激起游客求知欲望和旅游兴致的有效方法，在旅游讲解过程中可起到承上启下的作用。

讲解方法很多，除上述方法外还有意境型讲解、比较型讲解、交流型讲解等。导游员要在实践中不断摸索，根据具体情况选择合适的方法，以达到良好的效果。

旅游业是一个窗口行业，导游员是企业形象、民间大使和国家形象代表。这就要求导游员必须注意自己的仪表和礼仪，保持良好的形象。导游员讲解礼仪被形容为“言为心声，行为心表”。礼节礼貌是通过言行举止体现的，导游员带团过程中要注意日常交往礼节和工作礼节，给客人留下美好、愉快的印象。

知识拓展

体态语（body language）包括眼神、走路姿势、站立的姿势及手势等。体态语十分丰富，可以表达各种思想感情，并且不同的文化有着不同的体态语。手势语（sign language）是体态语的一种。下面是一些常见的手势语在不同文化中的含义。

（1）伸大拇指

向上伸大拇指：这是中国人常用的手势，表示赞许和夸奖，意为“好”“高明”“了不起”“顶呱呱”等；在日本，这个手势表示“男人”“你的父亲”“部长”“队长”；在美国、墨西哥、荷兰等国家，这个手势表示“祈祷命运”；在法国、印度，拦路搭车的时候横向伸出大拇指表示要搭车；在澳大利亚，竖大拇指则是一个粗野的动作。

向下伸大拇指：世界上许多国家和地区使用这一手势，当然，在不同地方，其含义也不尽相同。在中国，这个手势意味着“向下”“下面”；在英国、美国，这个手势有“不能接受”“不同意”“结束”的意思或者表示“对方输了”；在墨西哥、法国，这一手势表示“没用”“死了”“运气差”；在泰国、缅甸、菲律宾、马来西亚、印度尼西亚，这个手势则表示“失败”；在突尼斯，这个手势表示“倒水”和“停止”。

（2）伸食指

向上伸食指：使用这一手势的民族也很多，表示的意思各不相同。在中国，向上伸食指表示数目，可以指“一”“一十”“一百”……这样的整数，在日本、菲律宾、印度尼西亚、墨西哥等国家，食指向上表示只有一个（次）的意思；在美国，使用这个手势让对方稍等；在法国，学生在课堂上向上伸出食指表示要回答问题；在新加坡，谈话时伸出食指表示最重要的；在澳大利亚，这一手势这表示“请再来一杯啤酒”。

伸出食指和中指：在欧洲大多数国家，伸出食指和中指做“V”字状并手心朝外表示胜利，如果是手背朝外做“V”字状，则表示让人“走开”；在中国，“V”形手势表示数字“2”“第二”“剪刀”。

将拇指和食指弯曲合成圆圈，手心向前。这个手势在美国表示“OK”；在日本表示金钱；在拉丁美洲则表示下流低级的动作。

食指弯曲：这一手势在中国表示“9”；在日本表示小偷，特别是那些专门在商店里偷窃的人及其偷窃行为；在泰国、新加坡、马来西亚表示死亡；在墨西哥则表示金钱或询问价格及数量。

（3）伸出中指

伸出中指这一手势在法国、美国、新加坡表示“被激怒”和“极度不愉快”；在墨西哥表示“不满”；在澳大利亚、美国、突尼斯表示“侮辱”；在法国表示“下流行为”。

（4）伸出小拇指

伸出小拇指这一手势在日本表示女人、女孩、恋人；在韩国表示妻子、女朋友；在菲律宾表示小个子、年轻，或表示对方是小人物；在泰国、沙特阿拉伯表示朋友；在缅甸、印度表示要去厕所；在英国表示懦弱的男人；在美国、尼日利亚表示打赌。

总结提炼

内容	要点	错误动作
站姿		
目光		
表情		
手势		

实战演练

进入景区后，地接导游员任红将带领游客游览天生三桥景区。下面截取了一部分导游讲解词。请学生以小组为单位结合导游讲解礼仪的知识点模拟练习讲解，一名学生扮演导游员任红，其他学生扮演游客，最后以小组为单位进行总结。

好了，游客朋友们，我们现在正乘坐景区观光电梯下到谷底，来到观赏天龙桥的最佳位置。请大家抬头看，天龙桥是三座桥中唯一的一座双拱桥，由一个桥墩、两个桥孔构成。天龙桥的桥洞洞壁四四方方，非常平整，是三座石桥中最酷似人工桥的一座。曾经有一位桥梁专家参观后说："我造了一辈子的桥都没有造出这么美观的桥。"请朋友们仔细看整座桥，桥体总高度达到了235米，桥厚150米，跨度75米，平均拱高96米。天龙桥最奇特的地方除了酷似人工桥之外还有桥墩部分。请大家顺着我手指的方向看，在桥墩内部有一个迷宫型的洞穴，主洞的长度有400多米，在主洞的四周发育有大大小小的通道，形成了洞中有洞、洞洞相连的奇特景观。

参观完天龙桥后请朋友们继续往前走，大家是否觉得眼前这座青瓦灰墙充满着古朴气息的四合院比较眼熟？没错，这就是张艺谋导演的电影《满城尽带黄金甲》的唯一外景拍摄地——天福官驿，该驿站建于唐朝，是古代涪州（现为涪陵）和黔州（今黔江流域）官方信息传递的重要驿馆。这座古驿站古已有之，只不过为了拍摄电影《满城尽带黄金甲》，2006年在原有基础上专门进行了恢复重建。

当初在这里拍摄武打戏时，张艺谋非常用心。其中，有一场戏是四面八方的黑衣"杀手"从绝壁上纵身跳下悬崖，与皇家护卫队兵刃相见。黑衣侠士由武警扮演，他们一次又一次地从很高的地方纵身而下，有的还在空翻时不慎摔伤，给整个峡谷平添了几分侠气。现在，大家站在这古色古香的驿站内回想电影里的武打情节是否有一种侠气油然而生？好了，游客朋友们，接下来给大家20分钟时间自由参观，20分钟后我们在驿站门口集合。

任务评价

考核标准	完成	未完成（请描述）
讲解时面向客人站立，重心要稳、身体不摇摆，不要显得焦躁不安，也不要直立不动或把手插在裤兜里，无怪异动作		
讲解时目光的移动和分配恰当，讲解与视线统一		
讲解时表情要应景		
讲解手势富有情感并形象化		

案例分析

刘东参加了云南双飞6日游旅行团，在参观云南石林景区的途中，导游员在介绍石林的成因时面无表情，讲解时歪斜着站立，并且一手举导游旗，一手放入裤袋里。刘东几次提问想多了解石林的景点知识，但导游员始终只顾自己讲解，完全不顾及游客的感受，刘东为此非常不满。

问题：从礼仪的角度给该导游员提一些意见和建议。

检测练习

一、单项选择题

1．进入景区时，导游员应高举导游旗在团队（　　）引领。

A．左前方　　B．右前方　　C．中间　　D．后方

2．关于表情，美国心理学家艾伯特・梅拉比安首先在一系列研究的基础上得出了公式：信息的总效果=7%言词+38%语调+（　　）。

A．25%面部表情　　B．35%面部表情

C．45%面部表情　　D．55%面部表情

3．在（　　），学生在课堂上向上伸出食指表示要回答问题。

A．美国　　B．法国　　C．缅甸　　D．新加坡

4．"游客朋友们，现在我们所处的位置是芙蓉洞的入口处。"此处导游员应当使用（　　）。

A．情意手势　　B．指示手势　　C．象形手势　　D．无手势

5．（　　）不符合导游员面部整体表情的要求。

A．要有灵敏感　　B．要有鲜明感　　C．要有时机感　　D．要有真实感

二、多项选择题

1．在团队旅游中人数清点工作不可忽视，及时、有效地清点人数（　　）。

A．可以保持团队的完整性　　B．可以避免旅游者走失

C．有利于导游安排旅游活动　　D．可以保持旅游活动的时效性

2．导游活动中的引领主要包括（　　）。

A．接站时的引领　　B．参观游览时的引领

C．送站时的引领　　D．活动中的引领

3．在清点人数时，导游员可以采用的方法有（　　）。

A．手指点数　　B．大声点名　　C．默数法　　D．分组法

4．无特殊情况，导游员的站姿符合礼仪规范的动作有（　　）。

A．身体直立，挺胸收腹

B．双肩后展，两臂自然下垂（除手持话筒外）

C．双手放在口袋中

D．双臂相绕置于胸前

5．导游员讲解时常用的手势有（　　）。

A．指示手势　　B．象形手势　　C．情意手势　　D．禁忌手势

6．导游员讲解时，在手势的运用上必须注意（　　）。

A．简洁、易懂　　B．多用手势　　C．富有变化　　D．协调合拍

三、判断题

1．将拇指和食指弯曲合成圆圈，手心向前。这个手势在日本表示“OK”。（　）

2．站姿能显示导游员的风度。一般来说，导游员讲解时要挺胸立腰、端正庄重。（　）

3．导游工作应做到有始有终，接站服务是接待工作中重要的一环。（　）

4．悬念型讲解是导游员交错地运用纵向和横向的知识对景点进行说明的一种方法。（　）

5．清点人数时，导游员绝对不能用手指指着游客清点，一般采取默数法，也就是以目光来点数。（　）

项目三　酒店服务礼仪

场景一

前厅服务

知识目标

1. 掌握前台接待岗位人员的礼仪规范。
2. 掌握礼宾服务岗位人员的礼仪规范。
3. 掌握前厅问询岗位人员的礼仪规范。

技能目标

1. 能正确运用迎宾服务礼仪。
2. 能正确运用入住登记手续服务礼仪。
3. 能正确运用行李引领服务礼仪。
4. 能正确运用行李寄存服务礼仪。
5. 能正确运用咨询服务礼仪。
6. 能正确运用结账服务礼仪。

任务一 迎接客人

【任务描述】王先生一家三口自驾来到武隆游玩，计划入住仙女山假日酒店。他们开车来到酒店后，酒店门童热情上前迎接；离店时由门童提供送行服务。

知识储备

1. 门童的岗位职责

1）负责为抵店和离店客人迎接和欢送，准确、及时地提供开门、拉门服务。

2）迎接客人时，待客人车辆停稳后，按照规定的程序，热情、主动地为客人开启车门，并伴有欢迎词；送客时，主动帮客人叫车，开启车门，请客人上车。

3）迎送时，对孩子、老人或是行动不便的客人，要主动提供帮助。

4）指挥和疏导门前车辆，保持大厅门口整齐、清洁，秩序良好。

5）为住店客人提供租借饭店的客用自行车、手摇轮椅、雨伞服务等。

6）协助行李部疏导和搬运抵达或离店团队及散客的行李。

7）保持仪表整洁、态度和蔼，给客人留下良好的饭店形象。

8）为客人指引方向，回答客人的询问。

9）指引出租车司机到达等候客人的正确地点。

10）了解安全紧急事件的处理程序，会采取预防事故发生的措施。

11）完成上级交办的其他工作。

2. 门童迎宾服务礼仪

（1）迎客礼仪

1）客人到店时，门童要笑脸相迎，表达出关注和欢迎。在与客人距离五步时要行注目礼，在距离三步的时候使用“您好，欢迎光临”等服务敬语。

2）为表示对客人的尊敬，门童要向客人行礼，按照一般惯例行 15° 的鞠躬礼即可（图 3-1-1）。

图 3-1-1 行鞠躬礼

3）门童上前开启车门，用左手帮客人打开车门呈 70°左右，并用右手挡在车门上沿，为客人护顶，提醒客人不要碰到头部（图 3-1-2）。

4）原则上应优先为女宾、外宾、老年人开车门。

5）若遇到行动不便的客人，应协助下车，并提醒其注意台阶。

6）若遇信仰佛教和伊斯兰教的客人，切记无须为其护顶。

图 3-1-2 开车门

7）若在雨天，应为客人提供撑雨伞服务，并礼貌地提示客人擦净鞋底后再进入大堂，将客人随手携带的湿雨伞锁在伞架上。

图 3-1-3 提拿行李

8）若遇客人带有行李箱等大件行李，门童应主动征询客人的意见帮助其提拿行李（图 3-1-3）。

（2）送客礼仪

1）召唤汽车至合适位置，协助行李员装行李，并请客人确定无误后关上后舱盖。

2）面带微笑地请客人上车，用右手为客人护顶，等客人坐稳后再关车门，切忌夹住客人的衣服等。

3）站在汽车斜前方 0.8～1 米的位置，挥手向客人告别，目送客人以示礼貌，并使用“再见，一路顺风”等礼貌用语（图 3-1-4）。

图 3-1-4 挥手告别

总结提炼

内容	要点	错误动作
迎客礼仪		
送客礼仪		

实战演练

1）角色分工：四名学生为一组，其中三名学生扮演王先生一家，一名学生扮演门童，轮流练习，每名学生当一次门童为客人服务。最后以小组为单位总结门童迎客服务礼仪知识。

2）学生分组自行设计演练剧本。演练内容如下。

① 门童迎客服务礼仪演练：迎接客人；开车门和护顶（扮演者可扮演不同类型的客人，如信奉不同宗教等的客人）。

② 门童送客服务礼仪演练：协助行李员装车；帮助客人上车；向客人告别。

任务评价

考核标准	完成	未完成（请描述）
迎客时使用敬语并鞠躬		
为客人打开车门并协助客人上下车		
主动帮助客人提拎行李		
召唤车辆并协助客人上车		
向客人挥手道别，并目送客人离开		

案例分析

某天，导游员张丽带两名客人乘坐出租车外出购物后回到入住的酒店，门童看到出租车停靠在大门口，就首先打开后排右座的车门，然后一手做好护顶，请客人下车。此时，张丽突然意识到没有和门童解释这两位是泰国客人，他们信仰佛教，但是两名客人已满脸不悦，向张丽抱怨。而门童此时非常疑惑，不知道自己做错了什么。

问题：为什么客人不高兴？门童应该怎么做？

任务二 办理入住登记手续

【任务描述】王先生一家来到前台，前台接待员小张负责为他们办理入住登记手续。

知识储备

酒店前台接待员负责为客人办理入住登记手续。前台接待员应遵循的礼仪规范如下。

1）上岗前按规定着装，服装挺括、整洁，皮鞋光亮；左胸前佩戴胸牌；头发梳理整齐，男员工的头发不得过衣领、不留胡须，女员工的头发不得过肩。

2）在岗位时站立服务，站姿端正，保持自然、亲切的微笑（图 3-1-5），注意服务礼仪，任何时间不得随意离岗。

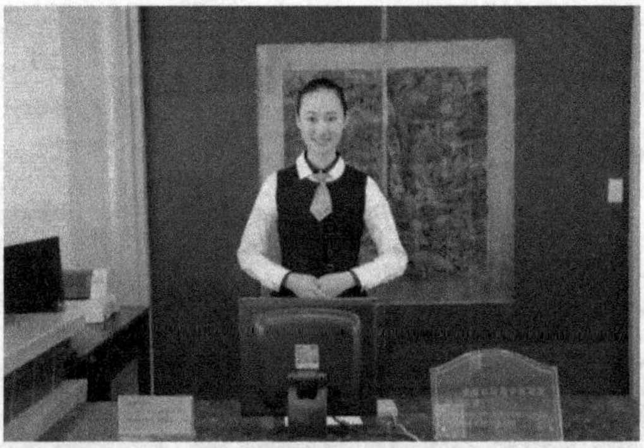

图 3-1-5　站立服务

3）态度应和蔼可亲，见到客人主动打招呼，对客人用敬语，语言规范、清晰，如遇繁忙，请客人稍等（图 3-1-6）。

图 3-1-6　招呼客人

4）接听电话时须保持悦耳、热情的声调，接听时来电铃声不可超过三声，不可拨打私人电话。

5）服务应快捷、准确，为客人办理入住登记手续不得超过 5 分钟，并有礼貌地请客人出示证件（图 3-1-7）。

图 3-1-7　请客人出示证件

6）客人交纳押金时，不管是刷银行卡还是交现金，都要用双手接过，并迅速为客人办理（图 3-1-8）。

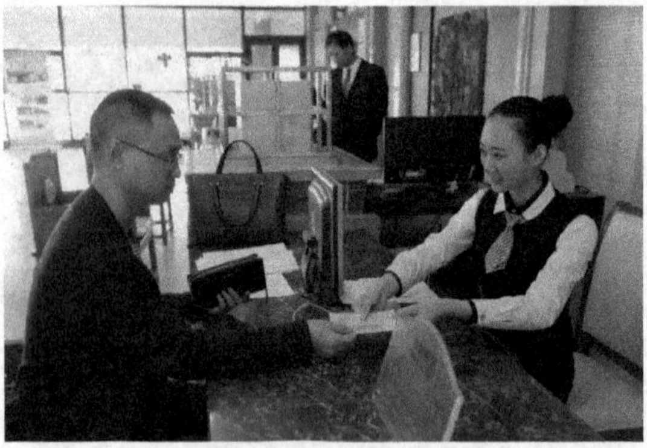

图 3-1-8　收押金

7）办理好入住手续后，将房卡交给客人，并将电梯位置指给客人（图 3-1-9）。

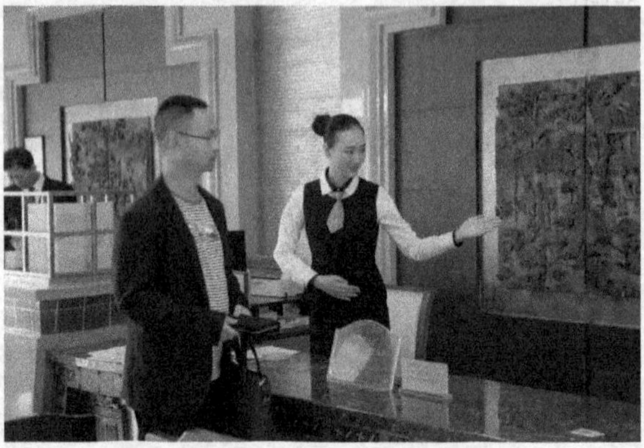

图 3-1-9　指示电梯位置

8）准确、及时地将客人抵离时间、各种活动安排通知有关部门，保证无差错衔接。

9）确保大堂总台整洁，各种工作用品完好。

总结提炼

内容	要点	错误动作
前台接待形象		
办理登记手续		

实战演练

1）角色分工：四名学生为一组，其中三名学生扮演王先生一家，一名学生扮演前台接待员，轮流练习，每名学生当一次前台接待员为客人服务。最后以小组为单位总结前台接待服务礼仪知识。

2）学生分组自行设计演练剧本。演练内容如下。

① 在岗位时站立服务，站姿端正，保持自然、亲切的微笑。

② 见到客人主动打招呼，并说："您好，欢迎光临，请问有什么可以为您服务的吗？"

③ 若遇接待员正在为其他客人服务，应先向抵店客人道歉："对不起，请稍等，我马上

为您办理手续。”

④ 如需要客人等候一段时间，应礼貌地安排客人在大堂吧或咖啡厅休息等候，待前面的客人办理妥当后，再请该客人到前台办理入住手续。

⑤ 请客人填写入住登记表，并请客人出示身份证，交纳押金，礼貌地把房卡交给客人，示意电梯的位置，并祝客人住店愉快。

任务评价

考核标准	完成	未完成（请描述）
着装规范，站姿端正		
主动与客人打招呼，使用敬语		
服务快速准确，办理入住登记手续不超过 5 分钟		
大堂总台整洁，各种工作用品完好		

案例分析

某天，张先生一家来到酒店办理入住登记手续，由于正值旅游黄金周，客人特别多。张先生对前台接待人员说：“请帮我开一间三人间。”此时，接待员小李正在忙，没有理睬张先生。张先生以为是自己声音太小了，又说了一次。小李很不高兴地说：“你没看见我在忙吗？等一下。”

问题：接待员小李对客人的服务态度有什么问题？如果你是接待员，你应该怎么做？

任务三　行李服务

【任务描述】王先生一家来到大厅，行李员小吴将他们引领至前台办理入住登记手续，为其提供行李服务并将其引领至客房。

知识储备

1. 客人抵店礼仪

1）客人抵店后，行李员应主动向客人问好，表示欢迎。

2）行李员应将客人的行李卸下车，请客人一起清点行李件数并检查行李有无破损。

3）行李员应引领客人至总台，清点并检查完客人的行李后，视行李多少，决定用手提还是使用行李车。搬运行李时，注意客人的贵重物品、易碎物品应请客人自己保管。引领客人至总台时，应走在客人的左前方，距离两三步，随着客人的步调行走，在拐弯处或人多时，应回头招呼客人（图 3-1-10）。

4）看管行李，等候客人。在客人办理入住登记手续时，行李员应将手背在后面或拿着行李站在总台一侧、客人侧后方，离总台约 4 米以外的地方等候客人，眼睛注视着总台接待员（图 3-1-11）。

图 3-1-10　引领客人至总台

图 3-1-11　看管行李并等候客人

5）入住登记完毕后，行李员应引领客人至客房，途中热情地为客人介绍酒店特色、新增服务项目等。

6）乘坐电梯时，行李员应先请客人进出电梯，以便按楼层按钮（图 3-1-12）。

7）进入房间时，行李员应先按门铃，再敲门，若房内无应答，再用房卡开门。

8）进房后，行李员应先开总开关，确认客房属于可售房后，再请客人进入。将行李放在行李架上或按客人吩咐放好（图 3-1-13）。

图 3-1-12　电梯服务

图 3-1-13　放行李

9）介绍房内设施及使用方法时，行李员应注意选择介绍的内容和方法。

10）离开房间时，行李员应询问客人是否还有其他吩咐，如无其他要求，则向客人道别，祝客人住店愉快，将房门轻轻关上后迅速离开。

2. 客人离店礼仪

1）行李员应站立于大门附近，注意大厅内客人的动态。客人携行李离店，则应主动上前提供服务。

2）当接到客人收取行李的指令后，行李员应问清客人的房间号码、行李件数、收取时间等。

3）行李员应按门铃，通报自己的身份，得到客人允许后，才可进入房间。

4）行李员应帮助客人清点行李，将行李系上填好的行李卡，并提醒客人不要在房间遗留私人物品（图 3-1-14）。

5）来到大厅后，客人结账时，行李员应将行李放在客人身边两步远的地方等候，等客人结完账再随客人将行李运到大门口（图 3-1-15）。

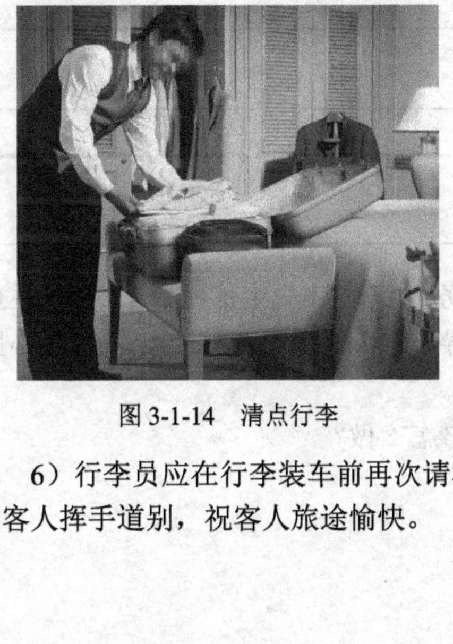

图 3-1-14　清点行李

图 3-1-15　等候客人结账

6）行李员应在行李装车前再次请客人清点行李件数，确认无误后，将行李装上车，并向客人挥手道别，祝客人旅途愉快。

总结提炼

内容	要点	错误动作
客人抵店礼仪		
客人离店礼仪		

实战演练

1）角色分工：五名学生为一组，其中三名学生扮演王先生一家，一名学生扮演前台接待员，一名学生扮演行李员，轮流练习，每名学生当一次行李员为客人服务。最后以小组为单位总结行李员抵店服务礼仪知识。

2）学生分组自行设计演练剧本。演练内容如下。

① 客人抵店礼仪演练：迎接客人；检查并清点行李；引领客人至总台；等候客人办理入住手续；入住登记结束后，将客人引领至客房；介绍房内设施及其使用方法；离开房间。

② 客人离店礼仪演练：进房清点行李；客人结账后，随客人将行李运到大门口；将行李装车，与客人道别。

任务评价

考核标准	完成	未完成（请描述）
向客人问好，并和客人一起清点行李		
引领客人到总台，在客人前方两三步远的距离，随客人步调行走		
在距离总台4米的地方等候客人，眼睛注视接待员		
引领客人到房间，先敲门，再开门		
介绍房间，注意简洁，少用或者不用手势		
离店服务时，敲门通报后才可进入房间		
帮助客人清点行李，提醒客人不要遗落私人物品		
行李装车后，向客人热情道别		

案例分析

王先生来到酒店后由行李员小李为其提供行李服务，小李把王先生带到前台办理入住登记手续，然后就站在王先生的身边一直热情地为其指导该怎么填写入住登记单，王先生心里很不高兴，小李却没有意识到客人不开心。

问题：为什么客人不开心？如果你是小李，你应该怎么做？

任务四 寄存服务

【任务描述】王先生一家在住店期间，有部分行李需要临时寄存，行李员小吴为其提供行李寄存服务。

知识储备

1. 行李寄存礼仪

1）礼貌地问候客人。

2）礼貌地询问并确认住客身份（姓名、房卡），如果是团队客人，要询问其团号、房卡、客人要寄存的行李件数、办理时间，并检查寄存行李是否在可寄存范围内。

3）认真填写行李寄存卡的全部内容，请客人确认并在主卡上签名，并将副卡交给客人，作为提取行李的凭据（图 3-1-16）。

图 3-1-16 请客人确认并签字

4）礼貌地提醒客人提取行李时的要求，并向客人告别。

2. 行李提取礼仪

1）问候客人，礼貌地请客人出示行李寄存副卡。

2）行李员核对行李寄存副卡与寄存记录，确认一致后，请客人在副卡上签字。

3）找到行李后，将寄存行李交给客人并确认件数，在行李寄存记录上注明领取人姓名。

4）如遇客人行李寄存卡遗失，请客人提供姓名、办理寄存卡时使用的房号、行李件数、寄存特征、办理日期等信息。复印客人的有效证件，如身份证、护照、驾照、士官证等。请客人在行李寄存正卡上签字，在该寄存副卡上注明行李副卡遗失。

5）礼貌地向客人道别。

总结提炼

内容	要点	错误动作
行李寄存礼仪		
行李提取礼仪		

实战演练

1）角色分工：两名学生为一组，其中一名学生扮演王先生，另一名学生扮演行李员，轮流练习，每名学生当一次行李员为客人提供行李寄存服务。最后以小组为单位总结行李员寄存服务礼仪知识。

2）学生分组自行设计演练剧本。演练内容如下。

① 行李寄存礼仪演练：迎接并问候客人；填写行李寄存卡并提醒客人注意事项；向客人告别。

② 行李提取礼仪演练：迎接并问候客人；完成客人领取行李程序；处理好客人行李寄存卡遗失的情况；向客人道别。

任务评价

考核标准	完成	未完成（请描述）
确认客人身份，填写寄存卡内容，提醒客人提取行李时的要求		
核对主卡和副卡，请客人确认行李		
如客人寄存卡遗失，请客人提供寄存特征和客人身份信息		

案例分析

陈先生是酒店的常客，来到行李处寄存物品，遇到经常为他办理手续的小李。小李很高兴地说："陈先生，您把行李给我吧，我为您寄存。"陈先生正要填写寄存单，小李却说："您是常客了，不用填，离店的时候您找我拿就行了。"

问题：小李这样做正确吗？如果你是小李，你应该怎么做？

任务五 咨询服务

【任务描述】王先生一家因为是第一次到武隆，不了解情况，所以在酒店问询处咨询出行线路，服务员小张为他们提供咨询服务。

知识储备

1. 市内概况咨询服务礼仪

1）问候客人。主动地问候客人，使用问候语。

2）倾听。听清楚客人查询的主要内容（图 3-1-17）。

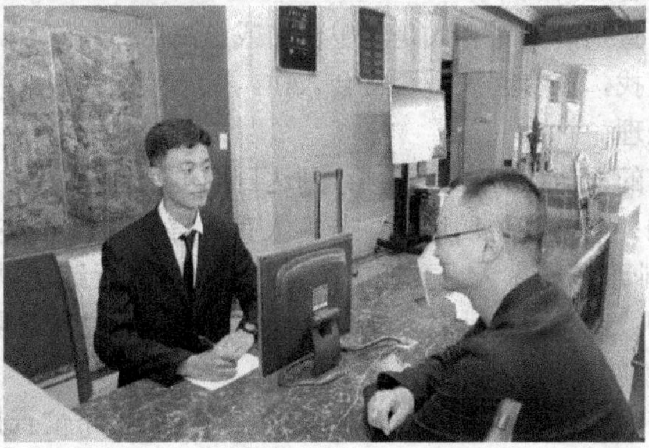

图 3-1-17　倾听并记录

3）记录。

① 问清客人姓名及需查询的资料信息。

② 详细记录客人的询问内容（图 3-1-18）。

图 3-1-18　记录询问内容

4）查询资料。

① 根据客人提供的信息，通过电脑迅速查询。

② 对不能立即回答的问题，迅速查找资料和电脑档案资料。

5）答复客人。

① 对熟悉的情况，随问随答。

② 对不清楚的问题，请客人稍等，查询后给予答复。

③ 对不清楚又一时查不到的问题，应记下客人的姓名、房号及询问内容，查到后回复客人并向客人道歉。

2. 住店查询服务礼仪

1）接待查询。微笑接待，仔细聆听。

2）查找客人。

① 查找当天抵店客人的订房表或当天预计抵店客人名单。

② 查找当天结账客人的名单。

③ 从客史档案中查找，查看客人是否曾住店或已离店。

④ 从订房表中查找，查看客人是否将会入住。

3）视客情状况处理。

① 客人尚未抵店的：请访客在客人预计到达日期再来询问。

② 客人已退房的：向访客说明情况；若客人有留言，查看客人委托事项或留言，告知访客离店后的去向和地址；如客人无委托或留言，则对客人行踪予以保密。

③ 客人仍在店的：询问访客姓名；打电话给住客，征询住客意见，确定住客是否接听，或将电话转入房间，或婉言回拒。

④ 查不到住客信息的：向查询者解释或提供其他线索，帮忙查找。

总结提炼

内容	要点	错误动作
咨询服务礼仪		
查询服务礼仪		

实战演练

1）角色分工：两名学生为一组，其中一名学生扮演咨询者，另一名学生扮演问询员，轮流练习，每名学生当一次问询员为客人提供线路咨询服务。最后以小组为单位总结问询员服务礼仪知识。

2）学生分组自行设计演练剧本。演练内容如下。

① 迎接并问候客人。

② 倾听并记录客人咨询的主要内容。

③ 迅速回答客人提出的问题。

④ 处理好不能马上回答的问题。

任务评价

考核标准	完成	未完成（请描述）
认真倾听并记录客人咨询内容，准确作答		
对不能马上回答的问题，向查询者解释或提供其他线索，尽量帮忙查找		

案例分析

周先生来到酒店找李先生，由于没有李先生的电话号码，又想到酒店拜访他，就到问询处咨询李先生在哪个房间。周先生来到问询处说："请帮我查一下昨天入住的李先生住在哪间房间？"问询员小王说："请出示您的房卡。"周先生说："我没有入住你们的酒店。"小王说："对不起，您不是我们酒店的客人，不能为您提供查询服务。"周先生只好无奈地离开了。

问题：小王这么做正确吗？如果你是小王，你应该怎么做？

任务六 结账服务

【任务描述】 王先生一家准备离开酒店，他们到前台结账时，由前台服务员小张为他们提供结账服务。

知识储备

1. 问候客人

主动问候来到总台的客人，并询问其需要何种帮助。

2. 收取房卡

得知客人结账，先礼貌地收取客人的房卡，记下客人的姓名、房号，并报上自己的姓名，请客人稍等（图 3-1-19）。

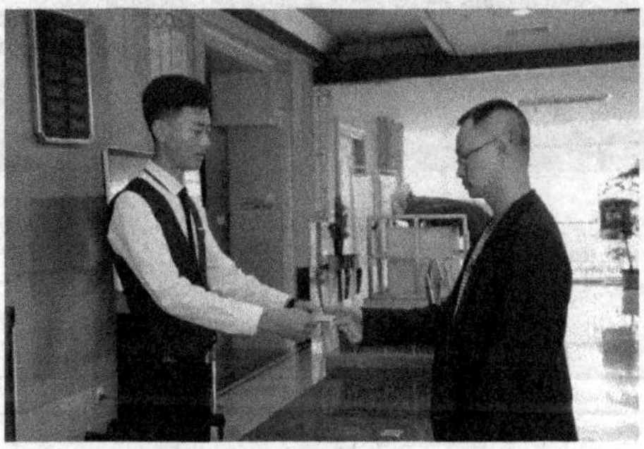

图 3-1-19　收取房卡

3. 通知查房

根据房号通知客房楼层对该房间进行查房。

4. 迅速办理结账

1）迅速查看电脑账户信息，确认客人的消费额是否准确。

2）待客房部回复查房结果后，迅速为客人办理结账手续。

3）客人确定账单无误后，请客人结账签字，退回客人所交押金（图 3-1-20）。

图 3-1-20　退押金

5. 微笑送客

1）向客人表达“感谢您入住我们酒店”“欢迎下次光临”“祝旅途愉快”等话语。

2）在客人离开的时候，微笑着目送客人离开（图 3-1-21）。

图 3-1-21　微笑送客

总结提炼

内容	要点	错误动作
前台结账服务礼仪		

实战演练

1）角色分工：四名学生为一组，其中三名学生扮演王先生一家，一名学生扮演前台结账员，轮流练习，每名学生当一次前台结账员为客人提供结账服务。最后以小组为单位总结前台结账服务礼仪知识。

2）学生分组自行设计演练剧本。演练内容如下。

① 迎接并问候客人。

② 通知客人查房并根据查房结果办理退房手续。

③ 与客人告别。

任务评价

考核标准	完成	未完成（请描述）
结账时，礼貌地收取房卡，请客人稍等		
查看客人账户信息，待收到客房部回复查房结果后，迅速为客人办理结账手续，退回客人押金等		
微笑着目送客人离开		

案例分析

王先生来到前台结账，此时客人很多，前台接待员请他稍等，并按顺序办理。王先生对接待员说自己的航班快要起飞了，希望能早点为他办理。前台接待员没有回复，继续忙自己的事情。王先生很着急，等了 30 分钟，前台接待员才为他办理，王先生很不高兴地离开了，表示下次再也不住这家酒店了。

问题：王先生为什么不高兴？如果你是接待员，你将如何处理这种特殊情况？

检测练习

一、单项选择题

1．客人到店时，门童应笑脸相迎，向客人行（　　）的鞠躬礼，问候客人。

A．90°　　B．45°　　C．30°　　D．15°

2．门童上前开启车门，用（　　）手替客人打开车门呈（　　）左右，并将（　　）手挡在车门上沿，为客人护顶，提醒客人不要碰到头部。

A．右　65°左　　B．左　70°右

C．左　65°右　　D．右　70°左

3．送别客人时，站在汽车斜前方（　　）米的位置，挥手向客人告别，目送客人离开。

A．0.5～1　　B．0.6～1　　C．0.8～1　　D．0.9～1

4．前台接待员接听电话时须保持悦耳、热情的声调，来电铃声不可超过（　　）声才接听，不可拨打私人电话。

A．一　　B．二　　C．三　　D．四

5．前台接待员应服务快捷、准确，为客人办理入住登记手续不得超过（　　）分钟。

A．3　　B．5　　C．8　　D．10

6．引领客人至总台时，应走在客人的（　　）前方，距离（　　）步，随着客人的脚步走，在拐弯处或人多时，应回头招呼客人。

A．左前方　一二　　B．左前方　两三

C．右前方　一二　　D．右前方　两三

7．行李员为客人看管行李，等候客人办理入住登记手续时，应将手背在后面或拿着行李站在总台一侧、客人（　　），离总台约（　　）以外的地方等候客人，眼睛注视着总台接待员。

A．左前方　3 米　　B．右前方　3 米

C．侧前方　4 米　　D．侧后方　4 米

8．注目礼的距离以（　　）为宜，在距离三步的时候就要说"您好，欢迎光临"等服务敬语。

A．两步　　B．三步　　C．四步　　D．五步

9．若遇到接待员正在为其他客人服务，应先向抵店客人说（　　）。

A．"请不要着急，一会就给您办理。"

B．"对不起，请稍等，我马上为您办理。"

C．"我没有时间，请等一会儿。"

D．"你没有看见我正在忙吗？"

10．行李员来到大厅后，在客人结账时，将行李放在客人身边（　　）远的地方等候，等客人结账后，再随客人将行李运到大门口。

A．一步　　B．两步　　C．三步　　D．四步

二、多项选择题

1．遇有信仰（　　）的客人，切记无须为其护顶。

A．佛教　　B．基督教　　C．伊斯兰教　　D．道教

2．开启车门，原则上应优先为（　　）、外宾开车门。

A．女宾　　B．男宾　　C．年轻人　　D．老年人

3．如遇客人行李寄存卡遗失，可以复印客人的有效证件如（　　）等。请客人在行李寄存正卡上签字，在该寄存副卡上注明行李副卡遗失。

A．身份证　　B．护照　　C．驾照　　D．士官证

4．上岗前按规定着装的要求是（　　）。

A．服装挺括、整洁

B．皮鞋光亮，左胸前佩戴胸牌

C．男员工的头发不得过衣领、不留胡须

D．女员工的头发不得过肩

5．客人抵店礼仪中，行李员应该（　　）。

A．主动向客人问好，表示欢迎

B．将客人行李卸下车，请客人一起清点行李件数并检查行李有无破损

C．入住登记完毕后，引领客人至客房，途中热情地为客人介绍饭店特色、新增服务项目等

D．帮助客人清点行李，将行李系上填好的行李卡，并提醒客人不要在房间遗留私人物品

6. 当接到客人收取行李的指令后，应问清客人的（　　）等。
   A. 房间号码　　B. 行李件数　　C. 寄存时间　　D. 收取时间
7. 如遇客人行李寄存卡遗失，请客人提供姓名、办理寄存卡时使用的（　　）等信息。
   A. 房号　　B. 行李件数　　C. 特征　　D. 办理日期
8. 客人寄存行李时，礼貌地询问并确认住客身份的两项信息，包括（　　）。
   A. 姓名　　B. 行李件数　　C. 房卡　　D. 住店时间
9. 大堂总台的各种工作用品应做到（　　），周围环境整洁，盆景鲜艳、美观。
   A. 有效　　B. 整齐　　C. 清洁　　D. 有序
10. 前台接待员在岗时应做到（　　）。
   A. 站姿端正　　B. 保持自然、亲切的微笑
   C. 注意应对礼仪　　D. 任何时间不得随意离岗

三、判断题

1. 访客咨询住客信息，查不到住客信息时，告知他本店没有他要找的客人。（　　）
2. 对于咨询的问题，在不清楚的情况下，请客人稍等，查询后给予答复。（　　）
3. 行李员核对行李寄存副卡与寄存记录，确认一致后，请客人在副卡上签字。（　　）

场景二

客房服务

知识目标

1. 掌握对客服务的礼仪规范。
2. 掌握客房清扫的礼仪规范。

技能目标

1. 能用规范礼仪完成迎宾送客服务。
2. 能用规范礼仪引领客人进入客房。
3. 能用正确的方式方法介绍客房。
4. 能按规范礼仪完成日常服务工作。
5. 能按规范礼仪完成客房清扫工作。
6. 能按规范礼仪接受并处理客人投诉。

任务一 楼 层 迎 宾

【任务描述】客房服务员小刘接到王先生一家到达楼层的通知后，迅速到达电梯口迎接客人，使用正确的礼仪规范帮助客人提拿行李，接过客房钥匙，引领客人进入房间，并向客人介绍房间设施。

知识储备

1. 服务员形象

（1）头发

1）勤洗头发，随时保持头发整齐不散乱，洁净无头屑。

2）男士不能留长发、怪发，也不能剃光头，鬓发前不能盖住耳部，后不能过衣领，不留胡须，头发不染黑色以外的颜色。

3）女士不能梳披肩长发，不能烫发、卷发，不能染黑色以外的颜色，不能用带味的发胶、摩丝等，不能用艳色发夹。

（2）化妆

女服务员上岗时应化淡妆，不能浓妆艳抹。

（3）首饰

上岗时除了戴婚戒外，不能佩戴其他饰物，如项链、手镯、耳环等。

（4）日常卫生

1）随时保持面部清洁卫生，养成早晚刷牙的习惯，在上班前忌食葱、蒜等带异味的食物。

2）勤剪鼻毛，鼻腔应随时保持清洁。

3）指甲要常修剪，不留长指甲，保持清洁，不染有色指甲油。

4）保持文明形象，不在公众场合打哈欠、伸懒腰、抓头皮、挖耳朵、掏鼻孔、擤鼻涕、剔牙、修指甲等；打喷嚏、咳嗽时应用手帕或纸巾捂住口鼻，侧向一边。

（5）仪态

站立时腰身自然挺直，手指自然弯曲并拢，垂于体侧。女士两腿并拢，男士两脚自然分开呈“U”形，两目平视前方，面带微笑。

2. 迎接

1）问候和介绍：在客人抵达时，服务员应站在一侧，面带微笑，面向客人微微鞠躬（图 3-2-1），热情地欢迎客人并做自我介绍，双手接过客人的房卡。

2）提拿行李：如果客人带有行李，而又没有行李员，则在征询客人意见后接过客人行李，并帮助客人提拿行李；如果有行李员，则由行李员负责提拿行李（图 3-2-2）。

图 3-2-1　鞠躬

图 3-2-2　帮助客人提拿行李

3）引领：如果房门在左边，则在客人右前方；如果房门在右边，则在客人左前方两三步，微微侧身随着客人的步调行走，如遇到拐角及台阶等，应伸手示意（图 3-2-3）。

图 3-2-3　走廊引领

3. 进入客房

1）开门：到达门前，先放下行李并向客人示意；轻轻敲门三下，然后打开房门（图 3-2-4）。

图 3-2-4　开门

2）进房：如果房间灯开着（已经做好夜床服务的房间），则开门后退到一边，请客人先进房间；如果没有开灯，则先开灯，然后退出，请客人先进房间（图 3-2-5）。进门后，将行李放在行李架上，行李正面朝上，把手朝外以方便客人，或者征询客人意见后放好行李（图 3-2-6）。

图 3-2-5　请客人进房

图 3-2-6　放行李

4. 介绍客房

1）原则：对于新客人，一般设备无须介绍，特殊设备必须介绍，介绍时应简明扼要，少用或者不用手势。对于常客，只介绍新增加的设施设备即可（图 3-2-7）。

图 3-2-7　介绍客房

2）退出：介绍完毕后，征询客人意见，如客人没有其他要求，向客人道别，先后退，再转身退出房间，并面向房间轻轻关好房门（图 3-2-8）。

图 3-2-8 离开房间

总结提炼

内容	要点	错误动作
形象		
迎接		
进入客房		
介绍客房		

实战演练

1）角色分工：三名学生为一组，其中一名学生扮演服务员，两名学生扮演客人，轮流练习，每名同学当一次服务员为客人提供楼层迎宾服务。最后以小组为单位总结楼层迎宾的服务礼仪知识。

2）学生分组自行设计演练剧本。演练内容如下：①迎接并引领客人；②敲门进房；③向客人介绍房间；④离开客房。

任务评价

考核标准	完成	未完成（请描述）
发型符合规范，女服务员化淡妆，做好日常卫生，并保持正确的仪态		
问候和介绍符合礼仪，引领客人的姿态和位置准确		
开门前先敲门，开门后先开灯，请客人先进		
介绍房间语言简洁，少用或不用手势		
退出房间前先征询客人意见，退出时先后退再离开，并面向房间轻轻关好房门		

案例分析

下午 3 点，等候在电梯门口的小张接到了王先生一家人。她接过房卡和行李，顺利地把客人带到房间，放好行李后，随手给他们泡了茶，接着边用手示意边一一介绍房间设施设备："这是床头控制柜，电视遥控板放在这儿。"王太太打断了她的话："知道了。"小张继续说："这儿是壁柜，桌上文件夹内有服务指南……"这时，王先生掏出钱包，拿出一张人民币不耐烦地甩给她。小张愣住了，她红着脸说："对不起，我们不收小费，如果没有别的事，我先告退了，祝你们旅途愉快。"

问题：小张的服务为什么不受客人的欢迎？她做错了什么？正确的做法是什么？

任务二　租借物品

【任务描述】王先生一家需要使用吹风机，于是拨打服务电话要求租借。客服中心通知服务员小刘将吹风机送到客人房间。

知识储备

1. 送物品

1）服务员接到通知后，在规定的时间（一般是 5 分钟）内带着物品来到客人房间门口，先敲门（图 3-2-9），得到允许后才可进入房间。

图 3-2-9　敲门

2）进房后首先向客人问好，用双手将物品交给客人或征询客人意见后放好物品（图 3-2-10）。

图 3-2-10　递送物品

3）有礼貌地请客人在相关表格的“租借物品”栏签字，提醒客人物品使用注意事项（图 3-2-11）。

图 3-2-11　请客人签字

4）征询客人意见，退出客房。

2. 收回物品

1）如客人未按时归还物品，则打电话提醒客人或者询问客人归还的时间。

2）如客人主动打电话表示归还物品，则应迅速到客房收取物品。

3）敲门进入客房后，询问客人意见，收取物品，或者双手从客人手中取走物品（图 3-2-12）。

图 3-2-12　收回物品

4）询问客人意见，退出客房。

总结提炼

内容	要点	错误动作
送物品		
收回物品		

实战演练

1）角色分工：四名学生为一组，其中一名学生扮演服务员，其他学生扮演客人，轮流练习，每名同学当一次服务员为客人提供租借物品服务。最后以小组为单位总结租借物品服务礼仪知识。

2）学生分组自行设计演练剧本。演练内容如下：①接听客人电话；②完成客人在电话中要求的内容；③询问客人归还物品的时间；④收回租借物品。

任务评价

考核标准	完成	未完成（请描述）
在规定时间内将物品送到房间，有礼貌地请客人在“租借物品”栏签字并提醒其使用注意事项		
打电话提醒客人归还物品的时间，用双手从客人手中接过物品		

案例分析

小李将客人需要的冰块送到客人的房间，进房间后她发现客人正在专心地玩手机，于是就没有打扰客人，而是把冰块放在桌上就轻轻地离开了房间。30 分钟以后，客人打来电话很生气地询问为什么还没有把冰块送来。

问题：为什么会出现这样的情况？如何避免这样的事件发生？在送物品到客人房间的时候有哪些礼仪要求？

任务三　清扫客房

【任务描述】上午，小刘被安排做客房清洁整理工作。8 点 30 分左右，小刘来到王先生房间门前先敲门三下，确认王先生一家已出去后，她再开始做王先生所在房间的清洁整理工作。

知识储备

1. 敲门通报

1）站在门前约 1 米远的地方，正对窥视镜，观察房间是否有“请勿打扰”标志，检查和整理仪容仪表。

2）上前一步，用右手食指或中指的中间指节敲门三下，注意轻重、速度适中，节奏一致（图 3-2-13）。

3）退回原位，等候约 5 秒。

4）如房间内没有回应，则进行第二次敲门，等候约 5 秒。

5）如房间内依然没有回应，则将门轻轻打开约 1/3，再次敲门并通报身份，然后将门打开，注意观察房内情况。

6）如果客人在房间，则清楚地告知客人需要清扫客房，并征询客人意见；如客人正在休息，则不要打扰客人，轻轻退出并关好房门；如客人不在，则将门完全打开，开始下一步工作。

图 3-2-13　敲门通报

2. 整理房间

（1）客人不在房间时

1）尊重客人的生活习惯，不乱动客人的物品，不随便触摸贵重物品，更不能翻看客人的文件等。

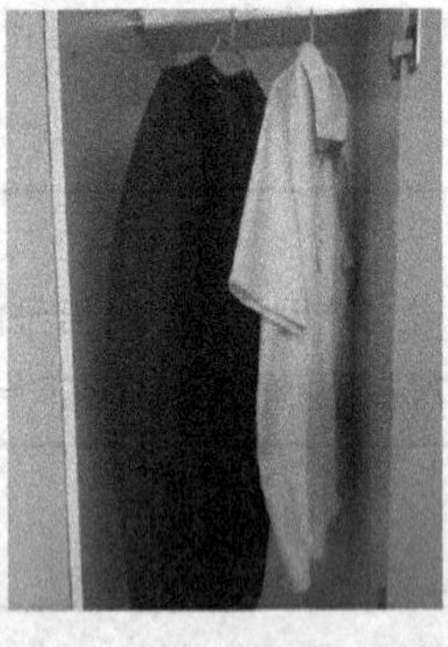

图 3-2-14　将衣物挂到衣柜里

2）不能使用客房的客用物品，特别是电话，更不能坐在座椅、床上等休息。

3）桌面等摆放的物品如果不整齐，可以稍加整理。纸张等物品，除非客人放在纸篓里，否则不得作为垃圾处理。

4）客人放在床上或椅子上的衣物，可以将其挂到衣柜里（图 3-2-14）；内衣或睡衣可以折叠好放在枕头上。

5）如果客人中途回房，必须有礼貌地查验客人的住宿凭证。

（2）客人在房间时

1）必须在客人允许的情况下才可以进行清洁整理工作。

2）在进行清洁整理工作时，以不干扰客人的活动为准则。如果客人正在卧室，则可以先做卫生间的清洁整理工作。

3）工作完成后，应向客人道谢，征询客人的意见后再离开。

总结提炼

内容	要点	错误动作
敲门通报		
整理房间		

实战演练

演练一：分小组模拟敲门通报服务的情景。

1）角色分工：四名学生为一组，其中一名学生扮演服务员，其他学生扮演客人。

2）学生设计演练剧本，要求剧本中含有四种不同的场景：①客人不在房间；②客人正在休息；③客人听见敲门声并允许服务员进入房间；④客人中途回房。

演练二：模拟为客人整理房间的情景。

1）角色分工：四名学生为一组，其中一名学生扮演服务员，其他学生扮演客人。

2）学生设计演练剧本，要求剧本中含有两种不同的场景：①客人不在房间；②客人在房间。

任务评价

考核标准	完成	未完成（请描述）
敲门通报时严格按照敲门通报的要求进行		
整理房间时尊重客人的生活习惯，不打扰客人，不乱动客人的物品，不使用客用物品		

案例分析

服务员小刘在上午10点整理王先生所住的房间，她敲了一次门以后就直接开门进入房间。可她进去的时候正好碰到王先生从卫生间出来，原来刚才王先生因放水的声音比较大，所以没有听到敲门的声音。小刘看见王先生后非常尴尬，情急之下问客人："你怎么还在房间里？"王先生非常生气。

问题：小刘做错了哪些事情？怎样才能避免这样的事件发生？如果是你，你该怎么处理？

任务四　投诉处理

【任务描述】王先生发现酒店房间的一只灯泡坏了。他打电话到客房服务中心，客房服务中心接到通知后派小刘上门处理投诉。

知识储备

1. 接受投诉

（1）了解情况

1）敲门进入房间，并迅速了解情况。这个过程中，不得与客人争辩，应尽可能地消除客人的不悦（图3-2-15）。

2）诚恳地向客人道歉，告知客人处理方法和需要的时间。

图 3-2-15　接受投诉

（2）解决问题

1）通知维修部派人处理。

2）维修完成后再次向客人表达歉意，询问其是否有其他需要，然后退出房间。

（3）事后反馈

1）打电话对此事件表达歉意，询问客人是否满意，了解客人是否有其他需要。

2）给客人美好的祝愿。

2. 处理投诉的一般方法

1）在接受投诉和了解情况阶段，要尽可能地消除客人的不满甚至愤怒的情绪。除了要尽量安慰客人，不能与客人争辩以外，还可以采取其他的方法转移客人的注意力，如为客人让座、上茶等；另外，也可以通过认真聆听、做记录等方法缓解客人愤怒的情绪。

2）投诉的类型很多，客房服务员接到的投诉一般是需要马上解决的。处理这种投诉的关键就是迅速果断地解决问题。在权限以内的问题，服务员应使用自己的权力果断解决。另外，在提出解决问题的方案的时候，可以给出多个方案供客人选择，并提出自己的建议。如果超出自己的权限，应迅速向自己的上级反映，并对投诉负责到底。

3）在处理完投诉以后，必须继续关注客人。应该通过电话等方式，了解客人对处理结果是否满意，也向客人表达自己对他的关注和重视。

4）在整个处理投诉的过程中一定要慎用微笑。

5）事后应将整个过程记录下来，并切实做好工作的改进。

总结提炼

内容	要点	错误动作
接受投诉		
解决问题		
事后反馈		

实战演练

1）角色分工：五名学生为一组，其中一名学生扮演服务员，一名学生扮演维修工，其他学生扮演王先生或王先生一家人，轮流练习，每名同学当一次服务员为客人提供投诉处理服务。最后以小组为单位总结投诉处理服务礼仪知识。

2）场景模拟内容如下：①上门了解情况，王先生及其一家人模拟各种情绪，服务员一一处理；②通知维修部派人维修，维修完成后，询问客人意见并向客人道别；③以电话方式再次表达歉意并了解反馈情况，给客人送上祝愿。

任务评价

考核标准	完成	未完成（请描述）
接受投诉时不与客人争辩，诚恳道歉，尽可能地消除客人的不满甚至愤怒		
解决问题要果断，并告知客人解决的方法和需要的时间		
事后了解客人对事件的处理是否满意		

案例分析

王先生房间的热水龙头坏了，服务员小刘接到客人投诉后迅速到房间核实和处理。原来是王先生在操作时没有注意，结果热水没有放出来，导致王先生淋浴的时候被冷水浇湿。小刘迅速解决了问题并安慰王先生，让王先生注意身体，如有情况及时通知服务中心。在这个过程中，小刘始终保持着微笑。第二天，小刘遇到王先生的时候，再次微笑着询问王先生的身体情况。这时候王先生很生气："你什么意思？你一次又一次地嘲笑我？"小刘愣住了，不知道该怎么向王先生解释。

问题：为什么王先生会生气？在处理投诉过程中，服务员要注意哪些原则？

检测练习

一、单项选择题

1．在引领客人的时候，若房门在右边，服务员应该在客人左前方（　　）。

A．一两步　　B．两三步　　C．三四步　　D．四五步

2．客人要使用冰块，应该在（　　）分钟内送到客人房间。

A．3　　B．5　　C．10　　D．20

3．在敲门以后，应该等候约（　　）秒再做下一个动作。

A．1　　B．3　　C．5　　D．10

4．在处理投诉过程中，一定要慎用（　　）。

A．手势　　B．语言　　C．动作　　D．微笑

5．以下不能作为垃圾处理的是（　　）。

A．桌面上写有字的纸团　　B．果篮里的果皮

C．纸篓里的空烟盒　　D．地上的纸屑

二、多项选择题

1．男服务员的头发不能是（　　）。

A．长发　　B．短发　　C．怪异发型　　D．光头

2．在介绍房间时，（　　）可以不用介绍。

A．床　　B．床头柜　　C．行李架　　D．床头灯

3．在公众场合不应该有（　　）行为。

A．修指甲　　B．剔牙　　C．打哈欠　　D．挖耳朵

4．敲门时，可以用（　　）敲门。

A．手背　　B．食指　　C．中指　　D．手掌

5．客人的（　　）等物品最好不要碰。

A．内衣　　B．手机　　C．睡衣　　D．摄像机

三、判断题

1．女服务员上岗时应该化淡妆。（　　）

2．在没有行李员的时候，服务员应该帮助客人提拿行李。（　　）

3．客人到规定时间未归还物品，服务员应马上上门去取。（　　）

4．进入客人不在的房间，服务员可以不敲门。（　　）

5．若服务员清扫客房时客人回房，则必须查验客人的住宿凭证。（　　）

场景三

餐厅服务

知识目标

掌握餐厅迎送客人和提供用餐服务的相关礼仪知识。

技能目标

1. 能在对客服务中正确地使用礼貌用语，并能为客人提供拉椅让座、递送香巾、斟倒茶水等相关服务。
2. 能正确使用礼仪规范为客人提供点菜服务。
3. 能用正确的礼仪规范标准提供中餐席间服务。
4. 能根据客人实际情况，选择恰当的结账方式，为宾客提供结账服务。

任务一 迎宾服务

【任务描述】王先生一家入住酒店后来到餐厅就餐，迎宾员小杨简单地对其进行询问后就非常热情周到地把客人引领到一间包房。服务员准备开始拉椅让座、递送香巾、斟倒茶水等一系列服务……

知识储备

1. 热情迎宾

1）迎宾员应站于餐厅门口的迎宾台位置，表情自然，面带微笑。在宾客到来之前，要有一两名服务员在门口迎接；举办高级的宴会时，餐厅负责人应带领服务员站在餐厅门口迎接客人，站姿优美、规范，精神饱满（图 3-3-1）。

图 3-3-1　热情迎宾

2）当客人步入餐厅约 1.5 米处时，迎宾员应面带微笑、热情礼貌地趋步上前问候客人。如果男女宾客一起进来，应该先问候女宾，然后问候男宾（图 3-3-2）。

图 3-3-2　询问

3）如果有重要的客人前来就餐，餐厅经理或主管应该站在餐厅门口迎接，行鞠躬礼并热情问候，使用“您好，欢迎您的光临”等礼貌用语（图 3-3-3）。

图 3-3-3　主管迎宾

4）年老体弱的宾客前来就餐，迎宾员应该主动上前搀扶，细心照料。

5）如遇雨天，迎宾员应该主动收放客人的雨具。假如宾客戴着帽子或穿有外套，应在他们抵达门口处协助其拿衣帽，并予以妥善保管。

6）迎宾员应询问客人的人数、姓名，是否有预订，如有预订，应核对预订单，得到确认后再将客人安排在事先预留的座位（图 3-3-4）。

图 3-3-4　核对客人情况

7）如果客人没有预订，迎宾员应根据客人到达的人数、喜好、年龄及身份等选择桌位。另外，还应该考虑餐厅的平衡性，避免某些餐桌太繁忙。例如，一人就餐时，要为其寻找合适的位置；夫妇、情侣就餐时，可以把他们引领到比较安静的角落入座；一家人或朋友一起前来聚餐时，可以把他们引领到餐厅的中央就餐处就餐；对于有明显生理缺陷的客人，要注意考虑安排其在适当的位置；年老体弱的客人前来就餐，应该尽可能将其安排在出入比较方便、离出入口较近的地方。如果宾客要求坐在某一个指定的位置，应当尽量满足其要求，如被占用，领台员应尽量做解释、道歉工作，然后带宾客到其他满意的位置入座。靠近厨房、卫生间出入口的位置往往不受人欢迎，对于被安排在这张餐桌就餐的宾客就要多表示歉意。

2. 引领入座

1）根据客人的订桌情况，迎宾员手持清洁的菜单、酒单走在客人前面，将客人引到餐桌处入座（图 3-3-5）。

图 3-3-5　引领入座

2）迎宾员应采用引领手势，走在客人的左前方 1 米左右，并不时回头向客人致意。在引领过程中，应该用整只手掌为客人引路，手指并拢，掌心向上，不能用手指引路。步行速度适中，把握好与客人的距离，并提醒客人注意台阶。

3）如果需要加餐具、椅子，服务员应尽可能在客人入席前布置妥善，及时将不必要的餐具及椅子撤走，为儿童准备儿童椅、餐巾、餐具等。

3. 拉椅让座

1）服务员应将客人引领到餐桌前，站立于座椅正后方，微笑着用双手握住椅背的两侧，将椅子移出约半步的距离（图 3-3-6）。

图 3-3-6　拉椅让座

2）服务员应待客人落座前将椅子往前送。

3）服务员应右手做请坐的手势，示意客人入座。拉椅、送椅的动作要迅速、敏捷，力度适中，准确到位。

4）服务过程中，服务员应按先主宾后主人、先女宾后男宾的顺序服务。在团队里，则应先为年长的女性服务，然后为其他女性服务。把女士的座位安置在面对餐厅内侧，避免面对墙壁。如果两对夫妇在窗边用餐，应安排女士坐在面对室内的位置，除非客人另有要求。

5）服务员应注意妥善保管客人的外套等。

4. 递送香巾

1）在工作台上准备好香巾，并用托盘递送（图3-3-7）。

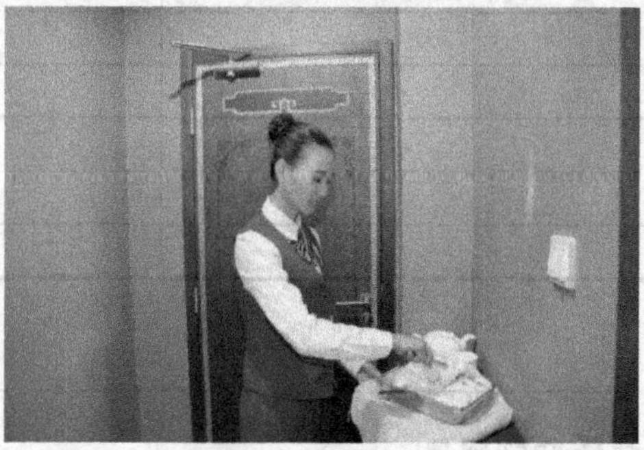

图3-3-7 准备香巾

2）应采用站立式服务递送香巾，托盘底部应清洁卫生，左手托盘，右手用餐夹递送，右手掌心向下，送到客人手中（图3-3-8），并说“请用香巾！”。递送时从主宾开始从右向左依次进行。

图3-3-8 递送香巾

5. 斟倒茶水

1）在工作台上备好茶杯、茶壶等，用托盘进行递送。

2）采用站立式服务递送茶杯；为客人斟茶倒水，注意轻拿轻放，送茶时切忌用手指接触杯口，进行时要轻缓。茶水斟倒八分为宜，并注意及时添茶（图3-3-9）。

图3-3-9 斟倒茶水

总结提炼

内容	要点	错误动作
热情迎宾		
引领入座		
拉椅让座		
递送香巾		
斟倒茶水		

实战演练

演练一：分小组模拟热情迎宾情景。

1）角色分工：按班级人数将学生分组，以小组为单位，一名学生扮演服务员，模拟迎接客人的情景，其他学生扮演客人。

2）小组学生轮流展示。

3）学生互评，教师指导。

演练二：分小组模拟递毛巾、送茶服务情景。

1）角色分工：以座位相邻的两名学生为小组，其中一名学生扮演服务员，模拟为客人递送香巾、斟倒茶水服务情景，另一名学生扮演客人。

2）小组学生轮流展示。

3）学生互评，教师指导。

演练三：分小组模拟突发事件处理情景。

1）设置职场场景，培养学生对突发事件的处理能力。

情景一：客人不小心碰翻了茶杯。

情景二：客人到达餐厅时座位已满。

情景三：不同类型的客人来餐厅就餐。

2）训练要求。

① 服务过程流畅、规范。

② 服务过程中，语言运用准确、仪态得体。

任务评价

考核标准	完成	未完成（请描述）
熟练掌握引领客人、问候客人的要点		
能描述不同类型的客人到餐厅用餐时合理安排座位的原则		
面带微笑，能主动与客人打招呼，询问客人的要求		
采用正确引领、就座手势		
正确为客人递毛巾、上茶		
正确为客人拉椅让座、递铺香巾		
休息区递巾、上茶下蹲姿势正确		

案例分析

晚上，酒店中餐厅的客人很多。餐厅迎宾（主要工作是为客人引路、引方向，解决客户问题，给客户领位、安排包间等）忙得不可开交。这时，有六位客人在一位女士的引领下，来到二楼中餐厅。

迎宾马上迎了过去，微笑着说，“欢迎光临，请问您贵姓？”

这位女士边走边说：“我姓王。”

“王女士，请问您有没有预订？”

“有，我们上午就打电话预订好了牡丹厅。”

迎宾马上查看客人的预订单，发现确实有一位王女士在上午预订了牡丹厅，于是就把这批客人带进牡丹厅。

30 分钟后，餐厅门口又来了一批客人，共有 12 位，当领队的王女士报出自己昨天已经预订了牡丹厅时，餐厅迎宾发现出了问题，马上查阅预订记录，才发现有两位王女士都预订了今晚的厅房，而迎宾在忙乱中将两组客人安排至同一间厅房。餐厅迎宾立即把客人带到紫荆厅，客人进了房间一看更加不满意了。

王女士满脸不高兴地说：“我们预订的是一张 12 人台，这是一张 10 人台的厅房，我们 12 个人怎么坐得下？”

王女士不耐烦地径直走到牡丹厅一看，里面的客人已开席，12 人台只坐了 7 个人，迎宾马上为这不恰当的安排再次赔礼道歉，但是这 12 位客人仍然不愿意坐进这间 10 人厅房。

“你们这么大的酒店，居然连预订都会搞错，还开什么餐厅！同意了我的预订就要兑现，我就要去牡丹厅，其他的厅房我都不去！今天我的客户很重要，把你们的经理找来！”王女士生气地说。

“十分抱歉，这是我们工作失误，这几天预订厅房的客人特别多，我们弄乱了，请你们先进房间入座，我们马上给你们加位好吗？”餐厅经理急忙过来解释。

“我们这么多人坐得如此拥挤，让我多没有面子！好像我宴请朋友非常小气。”

“对不起，这是我们的错误，今天客人太多，请多多原谅。”直到客人进了紫荆厅房，经理和迎宾才松了一口气。但看到他们坐得那么拥挤，迎宾心里又过意不去，这完全是自己工作失误造成的。

问题：本案例中，出现了哪些错误操作？

任务二　点 菜 服 务

【任务描述】王先生一家在餐厅入座后，服务员小杨主动上前询问：“先生，请问你们现在可以点餐了吗？”王先生微笑着点头说：“好的，可以点菜了。”于是小杨用双手将菜单呈递给王先生。

知识储备

1. 接受点菜并填写菜品单

1）客人入座后，值台员应用双手将菜单从宾客一侧递送，征求点菜意见（图 3-3-10）。注意菜单的正面对着客人。对于夫妇，应先递给女士；如果是团体客人，则先递给主人右手边第一位客人。如果主人表示为其全体成员点菜，菜单也应该分发给其他客人。递送的菜单要求干净、无污迹，递送时要态度谦恭，不可随意地把菜单往宾客手中一塞或者桌上一扔，这是很不礼貌的行为。

图 3-3-10　征求客人点菜意见

2）在为客人点菜时，应站在客人的右侧，上身微微向前倾，认真倾听客人的要求。不要催促客人点菜，要耐心地等待，让宾客有充分的时间考虑（图 3-3-11）。值台员应对菜单上客人有可能问及的问题做好知识准备，对每一道菜的特点要能予以准确解答，如哪些菜是季节性的，哪些菜是特制的，每道菜需要准备的时间及菜品的装饰、菜的销售情况等。当客人不知道点什么菜时，应伺机向客人介绍菜品和酒水，这时要讲究说话方式和语气，察言观色，充分考虑宾客的心理反应，不要勉强或硬性地推荐，以免引起宾客反感。

图 3-3-11　等待客人点菜

3）记录客人点菜时，值台员应站立于客人右侧，上身微微前倾，集中精神聆听，注意身体不能紧靠餐桌，手不能按在餐桌之上（图 3-3-12）。当主宾表示客人各自进行点菜时，服务员应先从坐在主宾右侧的第一位客人开始记录，并站在客人的右侧，按逆时针方向依次接受客人点菜。

图 3-3-12　记录客人点菜

4）如果客人点的菜在菜单上没有列出，不可一口回绝，而应该尽量满足其要求。可以礼貌地说："请允许我马上与厨师长商量一下，尽量满足您的要求。"如宾客点的菜已经无货供应，值台员应致歉，求得客人谅解，并婉转地建议客人点其他的菜。如客人所点菜肴的烹制时间比较长，则应向客人说明原因。

2. 确认复单

1）点菜记录完毕要向客人复述点菜单内容，并得到客人的确认（图 3-3-13）。

2）复单时要有耐心。

图 3-3-13　确认复单

3. 点菜后的工作

1）点菜单每式三联，红色的分送收银处，黄色的分送厨房，白色的分送传菜部，要求做到下单迅速准确、分单细致、冷菜与热菜分开（图 3-3-14）。

图 3-3-14　下单分送

2）用餐所需配料和托盘应齐全、干净。

总结提炼

内容	要点	错误动作
接受点菜并填写菜品单		
确认复单		
点菜后的工作		

实战演练

演练一：分小组模拟接受点菜时如何填写点菜单的情景。

1）角色分工：根据实际实训台数，把学生分成八组，以小组为单位，一名学生扮演服务员，模拟如何填写点菜单的情景，其他学生扮演客人。

2）学生分组轮流展示。

3）学生互评、教师指导。

演练二：分小组模拟推销菜肴服务情景。

1）角色分工：根据实际实训台数，把学生分成八组，以小组为单位，一名学生扮演服务员，模拟如何为客人点菜、推销菜品的情景，其他学生扮演客人。

2）学生分组轮流展示。

3）学生互评、教师指导。

演练三：设置职场情景，培养学生应对突发事件的处理能力。

1）客人点的菜在菜单上没有，分小组讨论处理，汇总后每个小组代表进行阐述。

2）训练要求：①能用准确的语言和体态为客人提供点餐服务；②服务过程流畅、规范、准确。

任务评价

考核标准	完成	未完成（请描述）
引领就座手势正确、得体		
正确为客人递巾、斟茶		
正确为客人填写酒水单		
正确为客人填写点菜单		
正确下单、分送点菜单		

案例分析

一天，赵先生在饭店的中餐厅请客户吃饭。点菜时，有一位客人点了一道“白灼基围虾”，但点菜的服务员没有注意听，把它误写为“美极基围虾”。

当菜端上来以后，赵先生感到很奇怪，立即把服务员叫来并说：“服务员，我们要的是‘白灼基围虾’，这道菜你上错了，请你赶快给我们换一下。”

服务员一听不乐意了，辩解说："刚才您点的就是'美极基围虾'，肯定没错，不信我把菜单拿来给您核对一下。"

服务员拿来点菜单，赵先生看到上面写的是"美极基围虾"。大家都感到奇怪，刚才明明说的是"白灼基围虾"，大家都听得很清楚，但现在怎么就成了"美极基围虾"呢？那位服务员知道自己当时没有听清楚到底是"白灼"还是"美极"，但还是说："菜没上错。"这时候，赵先生请的那位客人气愤地说："把你们经理叫来，我有话对他说。"

服务员极不情愿地叫来经理。经理听了服务员汇报的情况便说："不好意思，你们刚才点的就是这道菜。我们店的服务员都是经过严格考核和培训的，记忆力都很好，在客人点菜时会如实地记下每一道菜名……"

大家本以为这位经理会赔礼道歉，把菜换了，但没想到他居然会说出这种话。经理这番话的意思很明显：不是店方错了，而是赵先生等人错了。客人愤怒地说："好吧，请你赶快给我们结账吧！"

赵先生见此情景，也觉得很尴尬，他赶紧向那位客人道歉："真对不起，请原谅！以后再也不到这家餐厅吃饭了！"

问题：为什么客人表示以后再也不愿意到这家餐厅吃饭了？

任务三　席间服务

【任务描述】王先生一家在中餐厅点好餐后，服务员小杨开始为他们提供席间服务。

知识储备

1. 递铺口布

1）席间服务中，要坚守岗位，站姿规范，不靠墙、不靠台，不搔首摸耳，不串岗闲聊。

2）站立于客人右侧，右脚迈入两椅之间，将口布从餐碟或杯中取下，用双手的拇指和食指捏住口布两角，在客人身后将口布轻轻展开（图 3-3-15）。

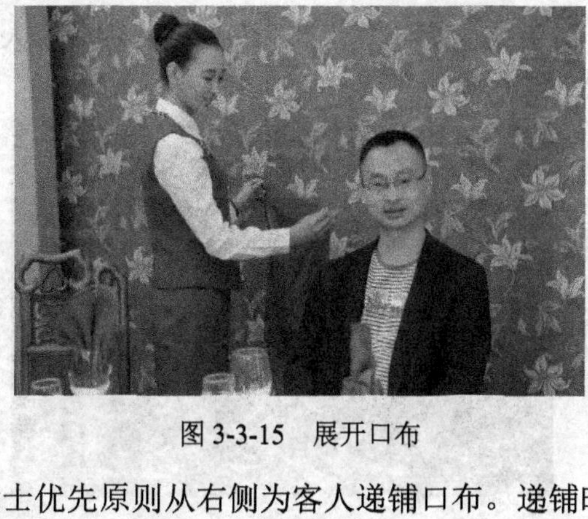

图 3-3-15　展开口布

3）按先宾后主、女士优先原则从右侧为客人递铺口布。递铺时右手在前，左手在后，将口布轻轻铺好（图 3-3-16），并说："先生（女士），您的口布。"

图 3-3-16 铺口布

4）如果是男服务员为女客人铺口布，应提前礼貌示意。在为客人铺口布时，服务员的胳膊肘不要碰到客人身体。

2. 递撤筷套

1）站立于客人右侧，右手拿起筷子，并放到左手中，用右手打开筷套封口，捏住筷子的后端后取出，置于筷架上（图 3-3-17）。

图 3-3-17 递筷套

2）将每次脱下的筷套握在自己的左手中，最后一并撤走。

3. 斟倒酒水

1）左手托住瓶底，右手扶住瓶身，呈 45° 角，商标朝向客人（图 3-3-18），并说："先生（女士），这是您需要的酒水吗？"

图 3-3-18 示瓶

2）应当着客人的面开启酒瓶盖或饮料瓶盖。斟酒时尽量不要影响客人交谈。

3）从主宾开始顺时针方向斟倒酒水。先斟倒烈性酒，然后倒果酒、啤酒、汽水、矿泉水。斟倒香槟酒或冰镇类酒时，要避免将酒水滴落在宾客身上（图 3-3-19）。

图 3-3-19　斟酒服务

4）斟倒前，左手拿一条干净的餐巾布将瓶口擦干净，右手握住酒瓶的下半部，将酒瓶的商标朝外展示给客人确认。

5）斟酒时，服务员应侧身站立在客人右侧，上身微前倾，重心应放在右脚，左脚跟稍微抬起；右手五指张开握紧酒瓶下部，食指伸直按住瓶壁，指尖指向瓶口处；将右手臂伸出，右手腕下压，瓶口距离杯口处 1.5 厘米时斟倒酒水。掌握好酒瓶的倾斜度并控制好速度，瓶口不能碰在杯口处（图 3-3-20）。

6）每次斟酒都应站在客人右边，不能站在同一个位置为左右两位宾客斟酒。

图 3-3-20　斟倒酒水

7）斟酒完毕，将瓶口稍抬高，以顺时针 45° 旋转、提瓶，再用左手的餐巾布将残留在瓶口的酒液擦拭干净。

8）白酒斟倒八分满，红酒斟倒五分满，进口酒类斟倒一盎司。

4. 上菜

1）掌握好上菜的时机并遵循上菜的程序，同时根据客人的要求、进餐的快慢灵活掌握。要从副主人右边的第一、第二位宾客之间上菜，不要在主宾之间进行，以免影响来宾用餐。

2）每上一道菜都要报菜名，对特色菜肴进行简单介绍，注意说话时避免唾沫四溅。

3）上菜时要讲究艺术，注意礼貌，尊重主宾，酒席中的头菜的看面要正对主位，其他菜的看面要朝向四周。比较高档的菜或特殊风味菜，要先摆在主宾的位置，在上下一道菜后顺势撤摆在其他地方（图 3-3-21）。

图 3-3-21　上菜

4）菜要趁热上，凡有头型、仿生拼盘、拌花边或椭圆形的菜碟，上菜时应该注意朝向主位。

5. 分菜

1）介绍本道菜的菜名后菜要撤到分菜台上进行分盘。如需席上分菜，应在副主人右边的第一、第二位客人之间进行（图 3-3-22）。

图 3-3-22　分菜

2）高级宴会的分菜顺序为先男主宾、后女主宾；一般酒席宴会分菜应该按照先女主宾、后男主宾，再主人和一般来宾的顺序逐次进行分派。分菜时，要注意将优质的部分分给主宾或其他客人。

3）分菜时要胆大心细，掌握好分菜的量，件数要分得均匀，并将碟中的菜全部分完。分菜时应尽可能地避免响声，分汤或糖水时要注意一手靠背进行。

4）分羹类时切忌用勺往容器里边划。分菜要求一次分完，分不完的羹，应征得客人同意再撤走。

5）添菜时应注意征求客人意见，如客人谢绝，则不必勉强。每道菜第一轮上完后，待客人吃完再上第二轮。如不上第二轮，则将菜盘内的菜稍微整理后再放在桌上，待下道菜上来时撤下。

6）遇到主人和客人敬酒或发表讲话，应马上停止上菜，但要及时斟酒，以便客人敬酒。

6. 撤换餐具及烟灰缸

图 3-3-23　撤换餐具

1）应该从主宾开始，在每位宾客右侧，按顺时针方向绕台撤换餐具。

2）撤盘时动作要轻，左手托盘，右手先撤下用后的餐具，然后送上干净的餐具（图 3-3-23）。要尊重客人的习惯及要求，可征求客人意见，灵活进行撤换。注意撤盘时托盘的平衡性、物品堆放的合理性。

3）客人进餐时，骨碟及烟灰缸内的杂物不应超过 1/3，当客人帮着拿骨碟及菜碟时应说“谢谢”。撤换烟灰缸时，应用干净的烟灰缸盖住脏的烟灰缸一同撤下，然后将干净的烟灰缸放置于台面上。

4）吃完带骨、带皮、带汁的菜肴后应该马上更换骨碟，并伸手礼貌示意：“打扰一下，可以为您更换骨碟吗？”

5）席间若有弄翻酱油碟、饮料杯等情况，应迅速用餐巾或香巾为客人清洁，然后在台上脏处再铺上席巾。

7. 上水果

1）上干净的骨碟，同时要放上水果叉，再上果盘、鲜花。

2）客人用完水果后，要撤下骨碟、水果叉、果盘。

8. 餐后服务

1）为客人提供热茶和毛巾服务。

2）整个餐厅的清扫工作应在客人离去后进行。

总结提炼

内容	要点	错误动作
递铺口布		
递撤筷套		
斟倒酒水		
上菜		
分菜		
撤换餐具及烟灰缸		
上水果		
餐后服务		

实战演练

演练一：以准确的上菜位置展示菜肴并报菜名。

1）角色分工：以八个人为一个小组，由每组一名学生统一口令，其他学生找到上菜位置，展示上菜的动作并报菜名。

2）各小组轮流进行。

3）学生互评，教师指导。

演练二：分小组模拟练习餐具的撤换。

1）角色分工：每名学生轮流扮演服务员，其他学生扮演宾客并入座。

2）扮演服务员的学生使用托盘，为一桌10个客位的客人撤换餐具。

3）学生互评，教师指导。

演练三：设置职场情景，培养学生应对突发事件的处理能力。

1）情景设置。

情景一：客人提出点的菜品没有烹制熟或菜品变味时，该如何处理？

情景二：服务员把菜上错桌时，该如何处理？

2）小组集思广益，讨论后形成书面意见。

3）每小组派代表进行演示。

任务评价

考核标准	完成	未完成（请描述）
菜肴摆放的服务要点		
菜肴的上菜顺序		
特殊菜肴的上菜方法		
正确为客人摆放菜肴		
正确找到上菜的位置		
派菜服务方式合理		
正确为客人提供席间的菜肴服务		

案例分析

一天中午，某餐厅的生意很忙，迎宾员带着约15位客人（家宴）到餐厅用餐，当时没有大桌面，餐厅服务员小陈临时将两张桌子拼在一起。客人点了很多菜和几瓶啤酒。

吃完饭客人到收银台结账，小陈紧随其后，客人看过账单后对小陈说："这账单上怎么有一道'花都水煮鱼'啊？我们从来没有见到这道菜，也没吃到啊？"

小陈回答："这道菜是另外一位先生点的。"客人还是很迷惑："就算是我们点的菜，可这道菜我们就没见到，也没吃到啊？"

值班经理看到这种情况，就走过去询问小陈："这道'花都水煮鱼'到底上了没有？"小陈说："上了。"于是值班经理对小陈说："那你就带着客人去看看桌子上有没有这道菜吧。"小陈理直气壮地说："好的，先生，您跟我来吧。"

到了餐桌旁，服务员小陈指着桌上一盆满满的水煮鱼对客人说："先生，这就是水煮鱼，这道菜本身就做得比较慢，当端过来的时候，客人都走了。"没等客人说话，值班经理就问小陈："你看客人走的时候知不知道还有一道菜没有上，为什么不提醒客人还有一道菜呢？"小陈说："我当时很忙，还盯着其他的餐桌，等我过来后看到客人去结账了。"客人说："就算这道菜做得慢，你也要提醒我们啊，我们知道的话肯定会等着菜上来后吃了再走。何况，我们早就吃饱了，也忘了还有一道菜呢，因为时间太长了。"

了解情况后，值班经理向客人道歉："对不起，先生，这是我们工作的失误，这道菜我帮您退掉，再打一张账单。因为我们工作疏忽打扰您这么长时间，还请原谅。"客人这才结了账。

问题：案例中主要问题出在哪个环节？值班经理的处理方法正确吗？

任务四 结账和送客服务

【任务描述】王先生一家在餐厅用好餐后，示意服务员结账。服务员小杨面带微笑地来到王先生的餐桌旁……

知识储备

1. 结账服务礼仪

1）当客人示意结账时，服务员应该请客人稍等并马上到收银台，告诉收银员台号并取出账单（图 3-3-24）。

图 3-3-24　取出账单

2）核对账单信息无误后，将账单放入账单夹内送到客人面前；当打开账单夹时，账单正面要朝向客人，方便客人查看（图 3-3-25）。

3）一定要在客人要求结账时（或者等客人吃完甜点水果后）呈递账单，在客人进餐过程中不能把账单递给客人。服务员应该站在结账客人的右后侧为客人结账，并使用敬语："先生（女士），这是您的账单，请过目。"当客人付款后，要表示感谢。

图 3-3-25　递送账单

2. 送客服务礼仪

1）征求客人意见。主动向客人征求进餐中的意见和建议，做好记录，并对客人的建议表示重视和感谢（图 3-3-26）。服务员要保持良好的心态，切忌与客人发生争执。

图 3-3-26　征求客人意见

2）将食物打包。如有剩余菜品，服务员应主动询问客人是否打包，当客人要求打包时，迅速将需要打包的食品端到落台处进行打包。切忌流露出瞧不起客人的表情。

3）拉椅送客。待客人起身离开时，主动靠近客人并为客人拉开椅子，以方便客人离席，注意拉椅动作不宜过大、过猛（图 3-3-27）；提醒客人带好随身物品，服务员也应快速检查四周是否有客人的物品。

图 3-3-27　拉椅送客

4）致谢道别。服务员应走在客人前方，将客人送至餐厅门口，鞠躬并与客人道别，真诚地欢迎客人下次光临，并微笑着目送客人离开（图 3-3-28）。

图 3-3-28　致谢道别

总结提炼

内容	要点	错误动作
结账服务礼仪		
送客服务礼仪		

实战演练

演练一：分小组模拟送客服务情景。

1）分小组讨论、设置客人离开餐厅的情景。

2）每组由一名学生扮演服务员，其他学生扮演客人。一轮结束后互换角色。

3）学生互评，教师指导。

演练二：培养学生应对突发事件的处理能力。

1）情景设置。

情景一：结账时，客人对账单金额提出异议，该如何处理？

情景二：主人未结账，其他客人准备离开时，该如何处理？

2）分小组讨论并形成书面解决方案。

3）每小组派代表进行演示。

任务评价

考核标准	完成	未完成（请描述）
准确为客人进行结账服务		
能为客人提供规范的打包服务		
能规范地完成拉椅送客服务		
能按程序处理客人遗留物品		

案例分析

一天晚上，五名客人在某星级饭店的中餐厅包房用餐。房间服务员的服务很周到，客人在很愉快的氛围中用餐。用餐临近结束时，一位先生示意服务员结账，服务员赶紧取来账单递交给这位先生，这位先生一看账单上有一道菜未上，对此很不满意，便告知服务员。服务员说账单没有问题，是客人自己记错了。这时其他四位客人也证明并未上这道菜。服务员这才觉得可能是自己记错了，忙赔礼道歉，并到收银台更改账单，客人这才结了账。结账完毕，客人并未离去，而是闲聊起来。一位女士要求服务员添茶，连续喊了几声都无人回答。客人临走时愤怒地说："什么餐厅！什么服务！什么服务员！结了账，人都不知道去哪儿了。以后咱们换一家。"

问题：

1）服务员哪些方面做得不妥，导致客人对餐厅产生不良情绪？

2）服务员在结账服务过程中需要注意哪些方面？

检测练习

一、不定项选择题

1．当客人步入餐厅约（　　）米时，迎宾员应面带微笑、热情礼貌地趋步上前问候客人。

A．0.5　B．1　C．1.5　D．2

2．在客人抵达时，应询问客人（　　）。

A．人数　B．性别　C．姓名　D．是否有预订

3．在递送热毛巾和茶杯等时，应采用（　　）服务。

A．站立式　B．蹲式　C．半蹲式　D．跪式

4．红酒斟倒的量一般为（　　）。

A．三分满　B．五分满　C．七分满　D．八分满

5．比较高档的菜或特殊风味菜，要先摆在（　　）的位置。

A．主宾　B．主人　C．副主宾　D．副主人

二、判断题

1．假如宾客戴着帽子或穿有外套，应在他们抵达门口处，协助其拿衣帽，并予以妥善保管。（　　）

2．夫妇、情侣就餐时，应尽可能把他们引领到餐厅的中央入座。（　　）

3．在递送茶杯、茶壶时，可以不使用托盘。（　　）

4．当主人表示客人各自进行点菜时，服务员应先从坐在主宾右侧的第一位客人开始进行记录。（　　）

场景四

西餐厅服务

知识目标

掌握迎送客人和提供客人用餐服务的相关礼仪知识。

技能目标

能根据客人的实际情况运用西餐点菜服务礼仪。

任务一 迎宾服务

【任务描述】到某西餐厅用餐的宾客很多，这里有全城最好的厨师、最佳的乐手和优雅贴心的侍者。迎宾员小周站在餐厅门口，礼貌而亲切地问候前来用餐的怀特夫妇四人，将其引领到预订的座位，值台服务员小宋忙着迎上来，拉椅让座，送上冰水和面包，开始了一系列服务……

知识储备

西餐服务员负责值台区域内的一切就餐服务，在提供西餐服务时，不仅要严格按照国际上通用的西餐服务礼仪进行，还要考虑宾客所在国家的风俗习惯，避免触犯其禁忌，才能保证服务质量。西餐服务在迎候宾客服务、打开餐巾服务、结账服务和送客服务等方面和中餐服务礼仪有相通之处。先主后宾、女士优先是西餐服务礼仪的基本原则。

西餐服务员在协助宾客入座，及时打开餐巾并送上冰水和面包后，就可以适时地上酒单和菜单，准备为宾客点菜。西餐点菜服务中，由于实行分餐制，人手一份菜单，每位宾客所点的菜肴会不一样，因此需要服务员熟悉菜单，了解宾客的需求，熟练地运用推销技巧，主动、热情地为宾客提供优质的服务。具体礼仪要求如下。

1）着装整齐，微笑服务，态度殷勤。

2）递送酒单、菜单。按先主后宾、女士优先的原则依次将酒单、菜单送至每位宾客手中，同时礼貌地请宾客阅读酒单和菜单（图 3-4-1）。

图 3-4-1　递送酒单和菜单

3）推销适度。如果宾客要求提供点菜建议，服务员应根据菜单组合、酒水搭配、菜品的烹调品的搭配种类，向宾客建议菜式搭配。推介菜品时，应当尊重宾客的饮食习惯。

4）建议询问。为宾客提供信息和建议，询问特殊要求，征求宾客对肉品生熟程度的要求，订沙拉时应询问宾客是否需要沙拉汁。

5）和宾客讲话时，身体略向前倾，音量适中，以不打扰其他宾客为原则。

6）双手收回菜单并面带微笑，祝宾客用餐愉快。

总结提炼

内容	要点	错误动作
着装		
递送菜单		
建议询问		
收回菜单		

实战演练

三名学生为一组，其中一名学生扮演服务员，其他学生扮演客人，轮流练习。具体要求如下。

1）服务员穿着整齐，站在餐厅门口迎接客人，引领客人入座。

2）客人入座后，服务员双手递送菜单，身体略微向前倾45°。

3）询问客人点餐的同时面带微笑，微微露出牙齿。

4）双手收回菜单，并把菜单放入托盘内。

任务评价

考核标准	完成	未完成（请描述）
着装整齐，微笑服务，态度殷勤		
按先主后宾、女士优先的原则依次将菜单送至每位宾客手中		
为宾客提供信息和建议，并适度推荐菜品		
双手收回菜单，面带微笑，祝客人用餐愉快		

案例分析

小王和几个朋友到一家新开张的酒店用餐，落座之后，大家点好了菜。正要点酒水时，一旁的服务员告诉小王：由于饭店新开张，用餐期间啤酒免费。小王和朋友一听，便直接叫服务员上10瓶啤酒。用餐结束后小王准备结账，发现之前点的啤酒也在账单上。

小王叫来服务员询问，服务员解释道，免费啤酒仅限门口的今日推荐，而不是所有的啤酒，最终的解释权归酒店所有。

问题：

1）服务员犯了什么错误？

2）如果你是服务员，你会怎样正确地为客人提供服务？

任务二　推荐酒水服务

【任务描述】在接受完宾客点菜后，服务员小宋根据宾客所点的菜肴开始向宾客推荐相应的酒水，为宾客提供酒水服务。

知识储备

西餐的酒水服务主要分为餐前酒水服务、佐餐酒服务、甜食酒服务和餐后酒服务四类服务。服务员在为宾客提供服务时，不仅要了解酒水知识，还要熟练地掌握斟酒的操作技能和酒水服务规范，处处体现尊重宾客的原则，从而为宾客提供优质的服务。西餐酒水服务和中餐酒水服务有一定的区别。服务员在提供酒水服务时，要用规范的服务、较强的技能为宾客留下良好的印象，以细节打动宾客，满足宾客受尊重的心理。

1）推介适度。根据宾客点菜的情况推介酒水，推介时要尊重宾客的个性和习惯。

2）服务规范。无论为宾客提供哪种酒水服务，都应遵循以下几个步骤：示酒，即双手握住酒瓶，把有商标的那一侧展示给客人（图 3-4-2）；开酒，即把酒放在桌子上，一只手扶住酒瓶，另一只手用开酒器开启酒瓶的橡木塞（图 3-4-3）；品酒，即把酒瓶的橡木塞放在一个干净的碟子上，双手呈给客人闻塞子的酒味；斟酒，即右手握住酒瓶，左手放在身后，站在客人的外侧微微倾着身子倒酒。

图 3-4-2　示酒

图 3-4-3　开酒

3）女士优先。征得宾客同意后，按照女士优先的原则，服务员应从宾客右侧依次进行酒水服务。如果是中国宾客，也可以遵照中国传统进行。

4）操作标准。酒水斟倒符合操作规范，不滴不洒，不少不溢。

5）关注宾客。随时观察宾客，当宾客不需加酒时应立即将空杯撤下。

6）做好细节服务。注意葡萄酒的最佳温度，先斟酒后上菜。开启香槟时，瓶口不能朝向宾客，避免误伤。冰桶、酒篮放在桌上时，不能影响宾客用餐。

总结提炼

内容	要点	错误动作
示酒		
开酒		
品酒		
斟酒		

实战演练

三名学生为一组，其中一名学生扮演服务员，其他学生扮演客人，轮流练习。具体要求如下。

1）服务员双手握住酒瓶，把酒瓶商标那一侧展示给客人。

2）服务员用开酒器开启红酒。

3）服务员把酒瓶的橡木塞放在一个干净的盘内，双手呈给客人闻塞子的酒味。

4）服务员按照女士优先的原则斟酒。

任务评价

考核标准	完成	未完成（请描述）
双手握住酒瓶，把有商标的那一侧展示给客人		
把酒放在桌子上，一手扶住酒瓶，另一只手用开酒器开启酒瓶的橡木塞		
把酒瓶的橡木塞放在一个干净的小碟子上，双手呈给客人闻塞子的酒味		
左手握住酒瓶，右手放在身后，站在客人的外侧微微倾着身子倒酒		

案例分析

西餐厅服务员小宋在客人点了酒水后给客人斟酒。可是在客人用餐结束后，小宋被投诉。原来有一位女士说，她没有看清楚酒的商标，按说小宋在斟酒时应该先给她斟，实际却最后才给她斟酒，她对此很不高兴。

问题：小宋犯了哪些错误？

任务三　就餐服务

【任务描述】就餐服务是点菜服务的延续，这个过程几乎贯穿了西餐服务的全过程。服务员小宋负责餐厅中间区域的服务工作，正在为客人进行就餐服务。

知识储备

在进行西餐服务时要特别注意细节，并与宾客进行良好的沟通，照顾好每位宾客的需求，严格按照国际上通用的服务礼仪，体现服务员过硬的基本功和良好的素质，通过规范的服务礼仪，给宾客留下美好的印象。

1. 菜品服务礼仪

上完餐前酒或饮料后，西餐服务员就应按照西餐上菜的顺序，如头盘、汤、辅菜、主菜、甜点和水果、咖啡或茶为客人服务。上菜时服务员一律托盘，姿势要端正。在菜品服务过程中，服务员要优雅有序，技能熟练准确，随时巡台，及时提供优质的服务。

1）按铺口布礼仪为客人铺餐巾。站在客人侧面，双手把餐巾打开，将其平放在客人的双腿上（图 3-4-4）。

图 3-4-4 铺餐巾

2）根据订单重新摆换餐具，收走不使用的餐具，添加一些不足的餐具（图 3-4-5）。

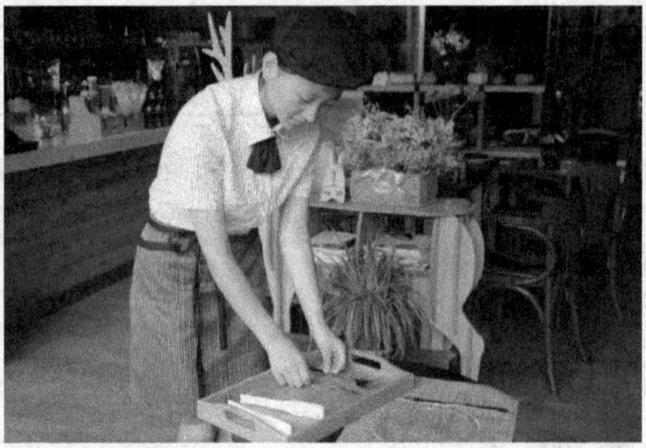

图 3-4-5 摆换餐具

3）根据餐桌、餐位的实际状况，合理确定上菜的位置、客人的主次。应先上主宾位的菜品，然后上副主宾的菜品。

4）按服务规范进行汤、主菜及派菜等服务，要求餐具配备准确、手法规范、动作利落、姿势优美。若用汤匙舀汤，则分量约控制在汤匙的七分满。

5）站在宾客左侧用右手分沙拉，有的沙拉需要胡椒，此时应当主动询问宾客是否加胡椒，并按礼仪规范加胡椒（图 3-4-6）。

图 3-4-6　分沙拉

6）每上一道菜前，应清理用过的餐具，清理时应轻拿轻放，避免发出较大的响声。

7）在撤走展示盘前，应用手势示意客人。

2. 甜点服务礼仪

在宾客用完餐后进行甜点服务。如果点菜的时候宾客没有点甜点，服务员可以适时推销，再次将甜点菜单呈递给宾客，或者将摆有各种甜点的服务车推到宾客面前进行推销。

1）当客人在吃完主食的时候，适时推销酒店的招牌甜品。

2）按照摆台礼仪将甜点所需餐具摆上餐台，摆台礼仪是左手托盘，右手拿甜品叉和甜品刀。

3）分甜点时，遵循女士优先、先主后宾的原则用右手在宾客右侧按顺时针方向为其服务。

4）同桌宾客的甜点必须同时分。

5）注意保持甜点的温度。

3. 撤盘服务礼仪

在宾客食用西餐的过程中，每吃一道菜都需要换一副刀叉，这就需要服务员掌握撤盘时机，顺序正确，要轻拿轻放，注意不能影响宾客的就餐情绪。

1）等所有宾客用完同一道菜后撤下空盘。

2）根据宾客盘中刀叉摆放情况进行服务，要体现对宾客的尊重。

3）撤换小物件时应使用托盘。

4）撤盘时，应左手托盘、右手收盘，将刀叉集中放在一边，留出罗列盘子的空间。

总结提炼

内容	要点	错误动作
铺餐巾		
摆换餐具		
分沙拉		
撤盘		

实战演练

三名学生为一组，其中一名学生扮演服务员，其他学生扮演客人，轮流练习。具体要求如下。

1）服务员将餐巾铺在客人的腿上。

2）服务员用托盘更换餐具。

3）服务员用服务勺分沙拉。

任务评价

考核标准	完成	未完成（请描述）
站在客人一侧，双手把餐巾打开，将其平放在客人的双腿上		
根据订单收走不使用的餐具，重新摆放餐具		
分沙拉时应当主动询问宾客是否加胡椒，并按礼仪规范放胡椒		
在撤走展示盘前，用手势示意客人		

案例分析

某天晚上，餐厅里来了一家人，在和谐的用餐氛围中，小宋看到老先生不停地用小勺翻搅着碗里的稀饭，对着鸡鸭鱼肉直摇头。“这是怎么回事呢？是我们饭菜做得不合口味？但是其他客人不正吃得津津有味吗？”小宋灵机一动，到后厨为老先生端上了一盘榨菜丝。当小宋将榨菜丝端上桌后，老先生眼前一亮，不停地称赞：“小姑娘，你可真细心，能够看出我对咸菜感兴趣，不简单。”老先生的老伴也赞叹道：“这里的服务就是不一样，我们没有说出的小姑娘都能想到、做到，以后有时间，我们要经常到这里吃饭。”

问题：小宋为什么能获得表扬？你受到什么启发？

检测练习

一、不定项选择题

1．西餐上菜时，首先上的应该是（　　）。

A．头盘　　B．主菜　　C．水果　　D．汤

2．用汤匙舀汤时，分量约控制在汤匙的（　　）满。

A．三分　　B．五分　　C．七分　　D．八分

3．西餐的酒水服务主要分为（　　）。

A．餐前酒水服务　B．佐餐酒服务　C．甜食酒服务　D．餐后酒服务

4．西餐服务在（　　）等方面与中餐服务礼仪是大同小异的。

A．迎候宾客　　B．打开餐巾　　C．结账服务　　D．送客服务

5．当客人吃完（　　）的时候，应适时推销酒店的招牌甜品。

A．头盘　　B．主食　　C．汤　　D．水果

二、判断题

1．西餐点菜时，客人应人手一份菜单。（　　）

2．西餐品酒时，把酒瓶的橡木塞放在一个干净的小碟子上，双手呈给客人闻塞子的酒味。（　　）

3．同桌宾客的甜点应根据客人的用餐情况分开服务。（　　）

4．在宾客食用西餐的过程中，每吃一道菜都需要换一副刀叉。（　　）

5．酒水服务时，应征得宾客同意后，按照女士优先的原则，从宾客左侧依次进行酒水服务。（　　）

场景五

休闲服务

知识目标

1. 熟悉咖啡厅服务员的基本礼仪及礼貌用语。
2. 了解调酒师的服务礼仪相关知识。

技能目标

1. 能根据咖啡厅的环境及氛围为客人服务。
2. 能根据对茶艺师的具体要求，规范操作。
3. 能根据对调酒师的具体要求为客人提供标准服务。

任务一 咖啡厅服务

【任务描述】某天下午，王先生一家人来到酒店的咖啡厅喝咖啡，服务员小韩热情周到地接待他们。

知识储备

1. 咖啡厅服务的基本要求

1）主动。不分客主，一样照顾；无论闲忙，待客不误；不嫌麻烦，方便客户；不怕困难，优质服务。

2）热情。待客礼貌，面带微笑；态度和蔼，不急不躁；言语亲切，积极关照；工作热心，照料周到。

3）耐心。面色和善，态度安详；客多人杂，安排不乱；百问不烦，百答不厌；遇事不急，处理果断。

4）周到。一视同仁，待客诚恳；安排细致，有条不紊；想在前面，服务热心；照顾周全，达到标准。

2. 咖啡厅服务员的姿态

（1）坐姿

咖啡厅服务员的标准坐姿是上身正直、下颌后缩、挺胸收腹、两眼平视、坐姿适度、略靠椅背。男服务员的双膝可分开一拳的距离，女服务员的双膝并拢。

（2）站姿

1）男服务员的站姿：两眼正视前方，头正肩平，下颌微收，挺胸收腹，双手自然交叉于背后，双脚分开，与肩同宽或者比肩略宽（图 3-5-1）。

2）女服务员的站姿：两眼正视前方，头正肩平，下颌微收，挺胸收腹，双手交叉于腹前，右手搭于左手上，虎口靠拢，指尖微曲，双脚并拢或呈丁字步（图 3-5-2）。

（3）走姿

咖啡厅服务员的标准走姿应是背部挺直、挺胸收腹、两眼平视、摇臂自然、步伐正直、步态轻盈、步幅均匀。

3. 咖啡厅服务员的应答礼仪

客人提问时，服务员要热情完整地回答，不能含糊其辞或不理睬，也不能随便答复，或者不懂装懂；对没有把握的事不能轻易允诺，答应顾客的事情就一定要办到；解释问题时要谦虚诚恳，不要强调客观理由，要使对方感到满意。

图 3-5-1　男服务员的站姿

图 3-5-2　女服务员的站姿

总结提炼

内容	要点	错误动作
咖啡厅服务员的坐姿		
咖啡厅服务员的站姿		
咖啡厅服务员的走姿		
咖啡厅服务员的应答		

实战演练

三名学生为一组，其中一名学生扮演服务员，其他学生扮演客人。咖啡厅服务员标准用语：当客人进门时首先问候“您好”，在服务过程中应说“打扰一下”，在客人离开时应说“欢迎下次光临”。

1）咖啡厅服务员的站姿练习：部分学生扮演客人就座，练习者按照正确的位置和姿态练习站姿。

2）咖啡厅服务员的走姿练习：部分学生扮演客人就座，练习者按照正确的路线和姿态练习走姿。

任务评价

考核标准	完成	未完成（请描述）
站立时两眼正视前方，头正肩平，下颌微收，挺胸收腹		
就座时上身正直、下颌后缩、挺胸收腹、两眼平视、双腿收拢、坐姿适度、略靠椅背		

续表

考核标准	完成	未完成（请描述）
走路时背部挺直、挺胸收腹、两眼平视、摇臂自然、步伐正直、步态轻盈、步幅均匀		
客人提问时，要热情完整地回答，解释问题时要谦虚诚恳，不要强调客观理由		

案例分析

一天下午，刘先生和几个朋友来到咖啡厅喝咖啡，服务员小韩为刘先生一桌提供服务。在服务的过程中，小韩跑到餐桌前单手递上菜单。当刘先生和客人点完咖啡之后，小韩又急匆匆地跑去冲泡咖啡。最后结账的时候，刘先生告诉咖啡厅的经理让他们以后注意服务员的礼仪规范。

问题：

1）在服务过程中，小韩存在哪些不标准的操作？

2）小韩下次应该怎样服务才是规范的？

任务二 茶艺服务

【任务描述】王先生一家吃完饭后，想找一个适合闲聊的地方，经过餐厅服务员的介绍来到了休闲茶室，服务员小陈热情地接待了王先生一家，为他们一家人泡茶。

知识储备

1. 茶艺人员姿态礼仪

（1）茶艺人员的走姿

1）女性走姿：行走时脚步须呈一条直线，上身不可摇摆扭动，保持平衡。同时，双肩放松，下颌微收，双眼平视，避免行走时摆幅过大。

2）男性走姿：双臂可随两腿的移动做小幅度自由摆动。当来到客人面前时，应稍倾身面对客人，然后上前完成各种冲泡动作。结束后，面对客人后退两步倾身转弯离去，以表示对客人的恭敬。

（2）茶艺人员的站姿

茶艺人员的站姿是双腿并拢，身体挺直，双肩放松，两眼平视。女性应将双手虎口交叉，右手贴在左手上，并置于身前；男性同样应将双手虎口交叉，但要将左手贴于右手上，置于身前，而双脚可呈外八字稍做分开。站姿的要领：一要平，即头平正，双肩平，双眼平视；二要直，即腰直、腿直，头、臀、脚后跟呈一条直线；三要高，即重心上拔，看起来显得挺拔。

（3）茶艺人员的坐姿

茶艺人员的坐姿是保持平衡，同时双腿并拢，上身挺直，头部上顶，下颌微微收敛。

（4）茶艺人员的蹲姿

茶艺人员的蹲姿要讲究方位，当需要捡拾低处或地面的物品时，可走到其物品的左侧；当面对他人下蹲时，要侧身相向；当需要从低处取物时，可面朝前方，左脚在前，右脚在后，目视物品，直腰下蹲。取到物品或工作完毕后，先直起腰部，使头部、腰部、上身在一条直线上，再稳稳站起。

2. 茶艺人员服务礼仪

（1）迎宾服务礼仪

1）微笑迎客，并使用礼貌用语，迎宾入门。当客人距离自己 2 米远时，将门轻轻拉开至 90°。在拉开门的同时，真诚微笑地目视对方，并用敬语欢迎客人的光临。

2）询问用茶人数及预订情况，将客人引领至正确位置。

3）如客人携带的物品较多或行走困难，应征询客人同意后给予帮助。

4）如遇雨天，主动为客人套上伞套或寄存雨伞。

5）若座位客满，应向客人做好解释工作，有位置时应及时安排。

（2）送宾服务礼仪

当客人准备离去时，轻轻拉开座椅，提醒客人带好随身物品。送客人至厅堂口，让客人走在前面。客人离店时，真诚礼貌地感谢客人，并欢迎其再次光临。

总结提炼

内容	要点	错误动作
茶艺人员的姿态		
茶艺人员的迎宾礼仪		
茶艺人员的送客礼仪		

实战演练

三名学生为一组，其中一名女生扮演茶艺人员，其他学生扮演客人，轮流练习。具体要求如下。

1）茶艺人员的姿态练习：做出正确的走姿、站姿、坐姿蹲姿，并反复练习至熟练运用。

2）情景模拟练习，以三名学生为一组，其中一名学生扮演服务员，其他学生扮演客人。

① 迎宾服务礼仪练习：各组自行设置模拟的情景，要包含雨天和客满两种情景的模拟练习。

② 送宾服务礼仪练习：各组自行设置模拟情景。

任务评价

考核标准	完成	未完成（请描述）
坐姿、站姿、走姿、蹲姿符合礼仪规范		
迎宾时，当客人距离自己2米处时，将门轻轻拉开至90°，将客人引领至正确位置		
当客人准备离去时，轻轻拉开座椅，提醒客人带好随身物品，送其至厅堂口		

案例分析

两位客人在茶室喝茶聊天。在离开的时候，一位客人不小心将钱包掉在了座位上。服务员小陈及时发现并把钱包还给了客人。

问题：这个案例说明了什么？怎样才能够把服务做得更好？

任务三　酒吧服务

【任务描述】王先生和朋友在外旅游，用完晚餐后乘坐电梯到了酒吧，酒吧服务员小丁热情地接待了王先生一行人。

知识储备

做一名合格的调酒师，除必须具备良好的职业道德、丰富的业务知识、娴熟的服务技能外，还应具备讲究礼貌礼节的基本素质。

1. 问候礼

问候礼是调酒师对客人进出酒吧时的一种接待礼节，以问候、祝贺语言为主，对于重要客人还应有迎送礼。常见的问候语有“早安”“午安”“晚安”“先生（女士）”“您好”“见到您很高兴”“很高兴为您服务”“祝您节日愉快”等。

2. 称呼礼

称呼礼是指日常服务中和客人打交道时所用的称谓。由于各国、各民族的语言不同，风俗习惯各异，因而在称呼上有很大的差别，常见的称呼有“先生”“女士”等。

3. 应答礼

应答礼是指回答客人提问时的礼节，调酒师在为客人处理服务问题时语气要委婉，如果客人提出的某些问题和要求超越了自己的权限，就应及时请示上级部门，禁止说否定语，如

“不可以”“不知道”“没办法”等。

4. 迎送礼

迎送礼是指调酒师迎送客人时的礼节。客人到来时，调酒师要主动向客人打招呼问好，并笑脸相迎。

5. 操作礼

操作礼主要是指调酒师在日常工作中的礼节。调酒师在日常工作中应着装整洁、举止大方、态度和蔼；工作期间不准大声喧哗，不准开玩笑，动作要准确快捷（图 3-5-3）。

图 3-5-3 操作礼

总结提炼

内容	要点	错误动作
问候礼		
称呼礼		
应答礼		
迎送礼		
操作礼		

实战演练

三名学生为一组，其中一名男生扮演调酒师，其他学生扮演客人，轮流练习。具体要求如下。

1）调酒师与客人的问候礼仪训练：客人在进入酒吧的时候，调酒师应该用正确的问候礼仪问候客人。

2）调酒师与客人的称呼礼仪训练：客人在吧台上点酒水时，调酒师应正确地称呼客人。

3）调酒师与客人的应答礼仪训练：客人点好酒水与调酒师在对话的时候，调酒师应正确地回答客人提出的问题。

4）调酒师与客人的迎送礼仪训练：客人结账之后离开酒吧时，调酒师应正确地迎送客人。

5）调酒师日常工作礼仪训练：客人点好酒水后，调酒师应准确快速地为其提供服务。

学生分组自行设计场景，以小品的形式将以上四个方面的内容结合起来进行练习。

任务评价

考核标准	完成	未完成（请描述）
客人进出酒吧时问候并祝贺客人		
根据客人的特点正确地称呼客人		
为客人处理服务问题时语气要委婉，禁止说否定语		
着装整洁，举止大方，态度和蔼		
操作时不大声喧哗，不乱开玩笑，动作要准确快捷		

案例分析

王先生走进酒吧的时候，调酒师小谢面无表情，也不称呼王先生。王先生坐到吧台上，小谢就直接递给王先生酒单让其点酒。点完酒水之后，小谢开始给王先生调制鸡尾酒，调好了递给王先生的时候没有垫吧垫。

问题：

1）在整个接待过程中，小谢有哪些做得不妥的地方？

2）如果你是调酒师，你会怎么做？

检测练习

一、不定项选择题

1．礼貌服务的基本要求是（　　）。

A．主动　B．热情　C．耐心　D．周到

2．咖啡厅服务员的标准坐姿是（　　）。

A．上身正直　B．下颌后缩　C．挺胸收腹　D．双腿收拢

3．咖啡厅服务员的标准走姿是（　　）。

A．背部挺直　B．头正肩平

C．指尖微曲　D．双脚并拢或呈丁字步

4．咖啡厅服务员的应答礼仪是（　　）。

A．不懂装懂　B．谦虚诚恳　C．信口开河　D．爱理不理

5．茶艺人员的标准站姿是（　　）。

A．双腿并拢　B．身体挺直　C．双肩放松　D．两眼平视

6．茶艺人员的标准走姿是（　　）。

A．保持平衡　B．下颌微收

C．双肩放松　D．上身不可摇摆扭动

7. 茶艺人员的标准蹲姿是（　　）。

A. 讲究方位，当需要捡拾低处或地面的物品时，可走到其物品的左侧

B. 当面对他人下蹲时，要侧身相向

C. 当需要从低处取物时，可面朝前方，左脚在前，右脚在后，目视物品，直腰下蹲

D. 头平正，双肩平，双眼平视

8. 咖啡厅服务员的标准服务用语是（　　）。

A. “您好”　　B. “请”

C. “谢谢”　　D. “对不起”

9. 调酒师的问候语有（　　）。

A. “早安”　　B. “午安”

C. “晚上好”　　D. “见到您很高兴”

10. 调酒师对客人称呼为（　　）。

A. “先生”　　B. “女士”

C. “小姐”　　D. “少爷”

二、简答题

1. 咖啡厅服务员礼貌服务的基本要求是什么？

2. 调酒师的服务礼仪有哪些？

项目四 职业礼仪

场景一 应聘礼仪

知识目标

1. 掌握应聘礼仪的相关知识。
2. 掌握在应聘过程中的相关礼仪知识。

技能目标

1. 能规范地应用应聘礼仪。
2. 能按礼仪规范完成应聘任务。

任务一 修饰仪容

【任务描述】某校毕业生于莉在校期间综合技能表现很好，曾在各种级别的技能大赛中多次获奖，她想去五星级酒店实习。在实习前，于莉开始对自己的仪容进行修饰。

知识储备

纵观酒店等各种服务行业的发展趋势，可以看出，无论哪种岗位都需要具有良好的精神面貌、得体的语言、良好的举止，这是服务行业基本的素质要求。

1. 仪容仪表

仪容仪表不仅是对考官的尊重，也是对自己的尊重，还反映了自己对面试的态度和对细节的注重。从着装来讲，女士适合化淡妆，不要佩戴夸张的饰品，脚趾不要露在外面，不能涂鲜红的指甲油。职场上女性披肩发也很常见，但如果头发特别长就不适合披发。面试时穿高跟鞋能凸显女性的气质，高跟鞋的鞋跟以3～5厘米为宜。

男士面试时首选藏蓝色或黑色的袜子。头发要整洁，并且前不过眉、侧不过耳、后不过领。

2. 面带微笑

真诚的微笑（图4-1-1）是人际交往的通行证，是推销自己的润滑剂，是礼仪之花、友谊之桥，具有塑造形象、表现性格、协调关系等功能。微笑无须成本，却可创造价值，微笑必须是真诚的、发自内心的、自然的，必须适度、得体。

图4-1-1 微笑

训练微笑的方法如下。

（1）自然训练法

1）第一阶段——放松肌肉。放松嘴唇周围肌肉的练习又名“哆来咪练习”，是指从低音哆开始，到高音哆，大声地、清楚地说三次每个音。练习时不要连着说，而是一个音节一个音节地发音，发音时注意嘴形。

2）第二阶段——为嘴唇肌肉增加弹性。形成笑容最重要的部位是嘴角。锻炼嘴唇周围的肌肉，能使嘴角的移动变得更干练好看，也可以有效地预防皱纹。练习时伸直背部，坐在镜子前面，反复练习，使嘴唇最大地收缩或伸张。

3）第三阶段——形成微笑。此阶段练习的关键是使嘴角上升的程度一致。如果嘴角歪斜，表情就不会好看。在练习各种笑容的过程中，找到最适合自己的微笑。

① 小微笑：把嘴角两端一起往上提，使上嘴唇有拉上去的紧张感。稍微露出两颗门牙，保持 10 秒之后，恢复原来的状态并放松。

② 普通微笑：慢慢使肌肉紧张起来，把嘴角两端一起往上提，使上嘴唇有拉上去的紧张感。露出上门牙六颗左右。保持 10 秒后，恢复原来的状态并放松。

③ 大微笑：一边拉紧肌肉使之强烈地紧张起来，一边把嘴角两端一起往上提，露出 10 颗左右的上门牙，也稍微露出下门牙。保持 10 秒后，恢复原来的状态并放松。

4）第四阶段——保持微笑。一旦找到满意的微笑，就要进行至少维持该表情 30 秒的训练。尤其是对于在照相时不会微笑的人，如果重点进行这一阶段的训练，就可以获得很好的效果。

5）第五阶段——修正微笑。虽然认真地进行了训练，但如果笑容还是不完美，就要寻找其他部分是否有问题。如果能自信地、敞开地微笑，就可以把缺点转化为优点。

（2）筷子训练法

1）用上下两颗门牙轻轻咬住筷子，检查自己的嘴角是否已经高于筷子（图 4-1-2）。

图 4-1-2 微笑训练

2）继续咬住筷子，嘴角最大限度地上扬。也可以用双手手指按住嘴角向上推，使其上扬到最大限度。

3）保持第 2）步的状态，拿下筷子，能够看到上排八颗牙齿即可，这时就是你微笑时的基本脸形。

4）再次轻轻咬住筷子，发出“YI”的声音，同时嘴角向上向下反复运动，持续 30 秒。

5）拿掉筷子，查看自己微笑时的基本表情。双手托住两颊从下向上推，并发出声音，反复数次。

6）放下双手，数“1、2、3、4”，也要发出声音，重复 30 秒结束。

总结提炼

内容	要点	错误动作
仪容仪表		
自然训练法		
筷子训练法		

实战演练

学生分小组在形象设计室整理仪容仪表。具体内容如下。

演练一：化淡妆。组长带领组员准备化妆所需物品，并按化妆步骤进行操作，化妆完毕，整理发型。

演练二：按职业装的要求着装，服装干净，熨烫平整，搭配协调。

演练三：训练微笑。先用自然训练法训练，再用筷子训练，并找出两者的区别。

任务评价

考核标准	完成	未完成（请描述）
女士化淡妆，穿 3～5 厘米的高跟鞋		
顺利完成自然训练法五个阶段的训练		
用门牙咬住筷子，嘴角上扬，反复练习，每次持续 30 秒		

案例分析

威廉·怀拉是美国销售寿险的顶尖人才，年收入高达百万美元。而他成功的秘诀就在于拥有一张令客户无法抗拒的笑脸。

威廉原是美国棒球界的知名人士，40 岁退役后他想去应征保险公司的销售人员。他认为利用自己在棒球界的知名度一定会被录用，没想到却惨遭淘汰。人事经理对他说：“保险销售人员必须有一张迷人的笑脸，而你却没有。”

威廉不但没有泄气，反而坚持一定要练出一张笑脸。他每天在家里大笑几百次，弄得邻居以为他因失业而发疯了。

为了避免误会，他躲在厕所里大笑。他搜集了许多明星人物迷人的笑脸照片，并贴满房间，以便随时观摩学习。另外，他买了一面与身体同高的大镜子并放在厕所内，以便每天进去练习大笑三次。

经过长时间的练习，他终于练出了一张迷人的笑脸，凭着这张"婴儿般天真无邪的笑脸"，他成为寿险行业的销售冠军。威廉经常说："一个不会笑的人，永远无法体会人生的美妙。"

问题：威廉获得成功的原因是什么？你从中获得了什么启示？

任务二 训练语言和目光

【任务描述】正在准备应聘的于莉开始准备完成第二个学习任务，即从语言和目光两个方面的礼仪来训练自己。

知识储备

1. 语言交流

语言表达本身就是一门艺术，它是思想的外现、情感的流露，不是天生就具有的，而需要后天的锻炼。那么该怎样锻炼语言表达能力呢？

1）对自己有信心，消除胆怯。语言表达就是把自己的思想讲出来给别人听，前提是你要有信心去面对别人讲话，消除并战胜胆怯。

2）每天大声朗读 30 分钟。大声朗读是很好的锻炼语言表达能力的方法。大声朗读的时候，自己能清楚自己的语调语气，能够很好地掌握语感，吐字不清晰的要及时改正。经常练习，语言就会通顺流畅。

3）多积累好词好句。在阅读的过程中，遇到好词好句应积累下来，并在说话时选择合适的场景充分利用。

4）多听语言表达能力强的朋友或同事讲话。"三人行必有我师"，我们周围有很多语言表达能力好的人，要多倾听，学习好的语言表达方式。

5）多交流。在交流的过程中，我们头脑中储存的知识得到充分利用，对方的语言也能刺激你的语言表达能力。

6）做一些必要的知识储备，提升个人素质。个人素质决定了一个人的说话水平，语言可以委婉，可以铿锵有力，可以有震慑力，也可以有杀伤力，但是一定要说到点子上，让人心服口服。要想语言表达有这样的能力，就需要平时多积累知识，用知识武装自己。

7）积极参加各种有益的活动，并踊跃发言。能力可以通过后天的努力锻炼得来，有锻炼的机会就要主动抓住。

8）拓展自己的想象力，把自己想象的内容用语言叙述出来。这种方法可以锻炼自己的临场发挥能力，平时自己闭目养神的时候，可以让思想插上翅膀，随意翱翔，把想象的内容变成语言叙述出来。语言匮乏时，可以利用这种能力弥补。

9）多总结。每一次和别人谈话后回顾自己哪句话说得不符合情景，哪句话用词不当，多总结，把自己语言表达中存在的问题找出来，并逐一改正。

10）通过阅读专业的书籍学习一些语言表达的技巧。

① 要善于进行心理安抚。在交谈时，我们应积极配合，以示对方的话题能引起我们的兴趣，也暗示我们在注意对方。还可以顺着对方的话题，以积极倾听和从容不迫的态度鼓励他继续讲下去，或者为他倒上一杯茶，或者适时表态："我也这样认为。""确实是这样!""你的观点和我的完全相同。"这种心理安抚的行为示意着一种积极的配合，使对方向你讲出他的内心感受。

② 要积极鼓励对方。在与他人交谈时，我们应该表现出有兴致的、关心的和赞同的态度，使对方有一种被认同的强烈感受。这时你主要是鼓励对方多说，如果对方提出让你发表看法，一般不要因为插话而打断对方的思路。当然，在一些细节问题上可以重复对方的语句，以表示重视、肯定和强化其感受。"是的，只有当自己也处在这样的境地时才能理解别人的难处。"这样的语句的重复是对对方的一种重要的心理支持，也是对其谈话的助兴。同时，还可能为对方能够更清楚地表达自己的内心思想和内心世界起到提示"台词"的作用，如帮助归纳，给出一种恰当的形容，从而使对方保持较高的谈话兴致。如果你想使对方进一步敞开胸襟，多给予同情、理解和共鸣是十分必要的。让对方知道你是在设身处地地为他着想。你可以说："你谈到这一点我也有同感。""虽然我不这样认为，不过却觉得你把道理讲清楚了。"这样便于促进彼此理解和沟通。

③ 要诚恳地表达自己的观点。在与他人交谈时，如果对对方的每一句话都随声附和，不说一个"不"字，不发表自己的真实意见，就会被认为无主见，别人也不会愿意与你交朋友。在日常生活中，只要我们得体地向别人表达自己的不同观点，不仅不会得罪人，还会受到欢迎，使对方知道你认真地考虑了他提出的问题。因为在日常生活中所谈论的事情，许多是没有绝对的是非标准的，只要我们诚恳地表达自己的观点，也许恰恰是从另一个侧面分析问题，对方一般来说也会接受。

④ 要注意适时地转移话题。再好的话题也有谈完的时候。当交谈者的兴趣减弱，只是重复一些没有新意的内容时，就应该换一个话题。转移话题的方法很多，如你可以停止谈论旧话题，沉默片刻，让其他人讲话，从中引出新的话题；也可以在谈话中断后，再谈论其他话题。

2. 目光交流

在五官中，眼睛的传达力和表现力是最强的。虽然微笑也有很强的感染力，但是它表达的信息相对单一，而目光则可以传达出欣喜、关注、藐视、担忧、愤怒、惊奇、厌恶或不安等多种情绪。作为一名服务人员，适当的目光交流是对客户的尊重，目光的表达就需要进行有效的训练和遵循必要的规范。

（1）要注意视线接触的向度

视线的向度其实就是目光的方向。我们常用的是平视，仰视和俯视都会使双方产生心理距离。在成年人的交往中，平视是最好的方式。

（2）要把握视线接触的长度

在服务场合与客户交流时要注意目光接触时间的长短。如果在交往中对方很少关注你，而且注视你的时间不超过整个相处时间的30%，说明对方不太重视你。如果你是领导或长辈，则要在与下属或晚辈见面时多一些目光的接触，这对鼓励对方有很大的作用。对客户更是如此，时间适当地进行目光接触其实是对客户的关怀，同样，他也会受到你良好情绪的感染，进而对你和你的公司感兴趣。

（3）要控制视线接触的位置

一般来说，在初次相见或最初会面的短暂时间应注视对方的眼睛，但如果交谈的时间较长，可以将目光迂回在眼睛和眉毛之间，或随着对方的手势而移动视线。千万不要直接、生硬地一直看着对方，通常这样的目光含有审视的、挑剔的、刁难的意思。如果长时间地盯着对方的一个地方看，可能会造成误解，甚至会无端给对方造成压力。

（4）要善用目光的变化

一般与对方目光接触的时间是与对方相处的总时间的1/3，每次看别人的眼睛3秒左右，会让对方感觉比较自然。在向服务对象问候、致意、道别的时候，都应面带微笑，用柔和的目光注视对方，以示尊敬和礼貌。要把目光柔和地照在对方的脸上，而不是单单注视，否则会让人感觉不友善，也不能反复打量对方，即便对方的穿着不得体，也应该使目光尽量柔和，变化时不着痕迹。“散点柔视”是与客户交流时较得当的目光运用法，也就是将目光柔和地投射到对方脸上，而不是在某一点凝聚。

总结提炼

内容	要点	错误动作
恰当交流		
目光向度		
目光长度		
目光位置		
目光变化		

实战演练

演练一：分小组训练语言表达能力。演练内容如下。

1）每人准备一份自己喜欢的文章进行朗读。

2）欣赏视频《朗读者》里的精彩片断，激发学生的表达能力。

3）每小组随机抽取学生上台演讲，增强其表现力。

演练二：分小组训练眼神。演练内容如下。

1）学会察看别人的眼色与心理，锻炼自己丰富多彩的眼神。

2）配合眉毛和面部表情，充分表情达意。

3）注意眼神礼仪，不能长久地盯视陌生人，除非感情很亲密；欣赏、观看演出时，眼睛眨动不要过快或过慢；不要轻易使用白眼、媚眼、斜眼等眼神，除非特殊情况。

4）对眼部化妆，以突出刻画眼神，富有情调。

任务评价

考核标准	完成	未完成（请描述）
语言交流时要有信心、技巧，能准确地表达		
目光交流时能正确地把握向度、长度和目光接触位置，并善于变化		

案例分析

小刘刚毕业就到一家旅行社应聘工作。在应聘前，小刘做了大量的准备工作，各种语言表达都恰到好处。可是，小刘在和负责应聘工作的人事部经理交流的时候感受到对方的压力，始终没敢看对方的眼睛。最后小刘应聘失败了。

问题：这个案例给了我们什么教训？小刘还需要在哪些方面加强锻炼？

任务三 训练行为举止

【任务描述】 通过仪容、语言和目光的学习，于莉对礼仪有了更深的认识，现准备进行第三阶段的学习，即行为举止的学习和练习。

知识储备

1. 守时守约

求职时一定要守时守约，不迟到、不违约。迟到和违约都是不尊重考官的一种表现，是不礼貌的行为。如果你因客观原因需要改期面试，或不能按时到场，应事先打电话通知考官，以免使其久等。如果已经迟到，不妨主动陈述原因，但宜简洁。

2. 关好手机

在面试时，自觉地把手机提前关机或调成静音状态，不能在面试时使手机作响或接听电话。

3. 敲门礼仪

面试时，一定要先敲门（图 4-1-3）。即使考试房间的门开着或虚掩着，也要敲门，千万不要贸然闯入，给人以鲁莽、无礼的印象。敲门时注意敲门声音的大小和敲门的速度，一定要有节奏地用食指或中指轻敲三下，待得到允许后再进去，入室后转身把门关好，动作要轻盈，尽量不发出声音，然后缓慢转身面对考官。

图 4-1-3　敲门

4. 双手递物

求职时要带上个人简历、证件、介绍信或推荐信等必要的求职资料。面试时，一定要迅速取出所有需要的资料。在递送这些资料时，应把资料的文字正面对着考官，双手奉上，并说："这是我的相关材料，请您过目。"要表现得大方、得体和谦和（图 4-1-4）。千万不要因紧张而出现语言表达不清、递物时手发抖。

图 4-1-4　双手递物

5. 站姿和坐姿

1）站姿。站姿是人体最基本的姿势，是培养优美仪态的起点和基础，同样能反映求职者的外在形象和礼貌修养。面对考官，不论男生还是女生均应采用标准的礼仪站姿，即双腿并拢，两手自然下垂。

2）坐姿。面试者要注意自己的坐姿，一般情况下只坐椅面的 2/3，立腰挺胸，手心向下，双手放在大腿及膝关节接触处，或叠放在桌面上，身体离桌子一拳头的距离，平视考官（图 4-1-5）。

男士两脚分开与肩同宽，如果穿着西装，则在坐下的时候，把西装最底下的扣子解开，坐下的同时要用手压一下领带的尾部，压向与腰带平齐的位置，否则领带会向前飘。

女士坐下后，右脚向后撤，左脚的脚后跟应落在右脚的内侧足弓处，左腿的膝盖微微地压在右腿的膝盖上，双手虎口相扣，右手在上，左手在下，然后放在左腿的膝盖上（图 4-1-5）。也可根据自己的习惯调整脚的前后顺序。

图 4-1-5　坐姿

6. 应聘结束后离开

应聘结束离开时应礼貌地向考官表示感谢，面对考官后退两三步，再转身离开，并轻轻地把门关上。

总结提炼

内容	要点	错误动作
守时守约		
关好手机		
敲门礼仪		
双手递物		
站姿和坐姿		
应聘结束后离开礼仪		

实战演练

1）学生分小组练习站姿、坐姿、敲门、递物等礼仪。

2）分小组进行职场应聘情景演练。

问题一："请你自我介绍一下。"

思路：①这是面试的必考题目；②介绍内容要与个人简历一致；③表述方式上尽量口语

化；④要切中要害，不谈无关、无用的内容；⑤条理要清晰，层次要分明；⑥事先最好以文字的形式写好并背熟。

问题二："你有什么业余爱好？"

思路：①业余爱好能在一定程序上反映应聘者的性格、观念、心态，这是招聘单位提问该问题的主要原因；②最好不要说自己没有业余爱好；③不要说庸俗的、令人感觉不好的爱好；④不要说自己仅限于读书、听音乐、上网，否则可能令面试官怀疑你的性格孤僻，最好能有一些户外的业余爱好来"点缀"你的形象。

问题三："你为什么选择我们公司？"

思路：①面试官试图从中了解你求职的动机、愿望及对此项工作的态度；②建议从行业、企业和岗位三个角度来回答；③参考答案如"我十分看好贵公司所在的行业，我认为贵公司十分重视人才，而且这项工作很适合我，我相信自己一定能做好"。

问题四："如果我录用你，你将怎样开展工作？"

思路：①如果应聘者对应聘的职位缺乏足够的了解，最好不要直接说出自己开展工作的具体办法；②可以尝试采用迂回战术回答，如首先听取领导的指示和要求，然后就有关情况进行了解和熟悉，接下来制订一份近期的工作计划并报领导批准，最后根据计划开展工作。

问题五："我为什么要录用你？"

思路：①应聘者最好站在招聘单位的角度回答，如"我符合贵公司的招聘条件，凭我目前掌握的技能、高度的责任感和良好的适应能力及学习能力，完全能胜任这份工作。我十分希望能为贵公司服务，如果贵公司给我这个机会，我一定能成为贵公司的栋梁"；②招聘单位一般会录用基本符合条件、对这份工作感兴趣、有足够信心的应聘者。

3）由组长录制演练的视频，并播放，再查找问题。

4）分小组交流问题，并进行专项题目训练。

任务评价

考核标准	完成	未完成（请描述）
随时做到守时守约		
不管门是开着的还是关着的，都要轻轻敲门，获得允许后方可进入		
递送资料时，要把资料的文字正面对着考官，双手奉上		
站立时双腿并拢，双手自然下垂，未经许可不要私自坐下		
只坐椅面的 2/3，立腰挺胸，手心向下，双手放在大腿及膝关节接触处，平视考官		
结束时应表示感谢，面对考官后退两三步，再转身离开，轻轻把门关上		

案例分析

小高准备应聘某公司的一个职位，他事先与公司人事部经理约好了时间。人事部刘经理告诉他直接到办公室。小高到达办公室的时候，看见办公室的门是开着的，于是就直接走了进去。经理亲自给他倒了一杯水，这时，小高的手机铃响了，于是他一只手接过水杯，一只手拿出手机把铃声关掉。

问题：小高犯了哪些错误？

检测练习

一、单项选择题

1．以下是女士恰当的仪容仪表的是（　　）。

A．化淡妆　　B．涂红色指甲油

C．披发　　D．脚趾外露

2．一般与对方目光接触时，每次看别人的眼睛的时间保持在（　　）秒左右。

A．1　　B．2　　C．3　　D．4

3．男士面试时首选（　　）的袜子比较适合。

A．白色　　B．黄色　　C．红色　　D．藏蓝色或黑色

4．递送文字资料时，要把（　　）对着考官，双手奉上。

A．资料封面　　B．文字正面　　C．文字反面　　D．文字背面

5．进入应聘室时，应该（　　）敲门。

A．用拳头　　B．用钥匙　　C．用中指或食指　　D．用双手

二、判断题

1．给考官递送文件时，文件内容朝向自己。（　　）

2．男士头发要求整洁，前不过眉、侧不过耳、后不过领。（　　）

3．应聘时，若考官室的门已开，进入时无须再敲门。（　　）

4．面试者进入考官室时应先保持站姿，经考官允许后方可入座。（　　）

5．面试结束后，应收好自己的物品，表达谢意后再慢慢离开。（　　）

6．良好的仪容仪表不仅是对考官的尊重，也是对自己的尊重。（　　）

7．语言表达本身就是一门艺术。（　　）

8．应聘者一般不主动与考官握手。（　　）

9．微笑是交流最好的语言表达方式。（　　）

10．微笑必须是真诚的、发自内心的、自然的。（　　）

场景二

会议服务

知识目标

1. 掌握会议服务准备工作的相关礼仪知识。
2. 掌握在会议服务过程中的相关礼仪知识。

技能目标

1. 能规范地运用会议礼仪。
2. 能按礼仪规范完成会议服务任务。

任务一 会议前的工作

【任务描述】某公司即将召开一次各分部门都参加的公司中层干部会议，公司领导安排张华负责本次会议召开的组织工作。张华了解了此次会议的主题后，开始本次会议前期的准备。

知识储备

1. 建立组织

召开一场会议，要有许多人参与组织和服务工作。这些人应有明确的分工，各负其责。建立各种小组，可以使成员在统一领导下各自独立地开展工作。一般会议由大会秘书处负责整场会议的组织协调工作。

2. 明确任务

全体工作人员应当明确本次会议的目的、主要解决的问题，更要明确自己的工作任务及具体要求，以保证不出差错，不贻误工作。

3. 安排议题和议程

秘书处要在召开会议前把会议要讨论、研究、决定的议题搜集整理出来，列出议程表，提交领导确定。根据确定的议题安排日程，以保证会议有秩序地进行。

4. 确定与会人员

确定与会人员是一项很重要的工作。已确定参会的人员一定要通知到。

5. 发出通知

名单确定后，即可向与会人发出通知，便于他们做好准备工作。有时准备工作量比较大，而距离开会时间还远，可以先发关于准备参加会议的通知。在开会前，再发出开会通知。

6. 布置和安排会场

布置和安排会场是会议的又一项重要工作。会议的气氛主要靠会场的布置渲染。会议室应当根据会议的内容安排，或庄严肃穆，或庄重朴素，或明快大方，或热烈欢快。总之，会场的布置应与会议内容相协调。

主席台设在与代表席相对的位置。现在一般在主席台前设讲台，用于发言人讲话。主席台上可适当摆放鲜花点缀。主席台背后悬挂会标或旗帜，会议名称的标语悬挂在主席台上方。

7. 安排座次

代表席的座次应当统一安排，照顾全面。因为座位有前有后、有正有偏，在排座位时要根据不同情况妥善安排，照顾到各个方面。

8. 印制证件

证件是出席会议的证明，是体现与会者身份、资格的证件。代表证、记者证、工作人员证要用不同颜色的字或纸印刷，以示区别。

9. 接待和报到

外地代表到达时，应安排工作人员到车站、码头、机场接站。到达驻地后，持通知书到大会报到处报到。报到处接待人员应礼貌接待，查验有关证件后即安排食、宿，登记联系的地点、方式，并发放证件、文件等。

10. 迎宾接待

在会议开始前 30 分钟，迎宾员应站在门口迎接客人的到来，见图 4-2-1。

图 4-2-1　站在门口迎客

总结提炼

内容	要点	错误动作
建立组织		
安排议题和议程		
发出通知		
布置和安排会场		

实战演练

学生分小组在学校会议室模拟会议准备工作。演练内容如下。

1）室内保持清洁卫生，按规范摆放桌椅、鲜花植物等。

2）会议物品的摆放，文件、笔、烟灰缸、矿泉水等。

3）会议迎宾员接待，问好、入座引领等。

任务评价

考核标准	完成	未完成（请描述）
组织会议要有明确的分工，与会者目的明确		
议题和议程安排合理		
向与会者发出通知，便于他们做好准备工作		
主席台和座次安排全面		

案例分析

案例一：有一次，某地准备以区党委、区政府名义召开一次全区性会议。为了给有关单位充分的时间准备会议材料和安排工作，决定先用电话通知各地和有关部门，然后发出书面通知。电话通知发出不久，某领导即指示：这次会议很重要，应该让参会单位负责某项工作的领导人也参加，以便更好地完成这次会议贯彻落实的任务。于是，发出补充通知。不久，另一个领导又指示：要增加另一项工作的负责人参加会议。如此，在三天内，一个会议的电话通知，通知了补充，补充了再补充，前后共发了三次，使参会单位很不满。

问题：从协调的角度讨论怎样才能不出现上述情况，从而使工作顺利进行？

案例二：学校每周的会议接待的准备工作由学生负责，他们把所有日常会议准备工作完成后，被在会场负责布置的王主管叫过去帮忙，他们有的在剪枝，有的在致辞台、会议桌旁忙碌，有的在摆弄花盆，还有的在检查线路、电源、音箱等。学生不知道自己能帮什么。这时，细心的王主管赶紧让他们过来搬运植物、花盆，并让他们把这些花盆和树叶擦干净。王主管边做边对学生说：“会场布置不是简单地摆放物品，像这盆红掌，为什么要选择它，有何意义，都是有学问的。”

问题：你认为会场布置还需要具有哪些工作能力呢？

任务二 会议中的工作

【任务描述】在张华的精心准备下，该公司的中层干部会议顺利召开，张华紧接着开始本次会议中的服务。

知识储备

（一）了解会议基本情况

服务员接到召开会议的通知单后，首先要掌握以下情况：出席会议的人数、会议类型、会议名称、主办单位、会议日程安排、会议的宾主身份、会议标准、会议的特殊要求及与会者的风俗习惯等。

（二）调配人员，准备会议需用物品

1）会前，主管人员或经理要向参加会议服务的所有人员介绍会议的基本情况，说明服务中的要求和注意事项，并明确分工，使所有服务员都清楚地知道工作的整体安排和自己所负责的工作。

2）服务员根据会议的类型、性质、人数，结合会议厅（室）的具体情况整体安排会场布局。同时，根据与会者的风俗习惯和特殊要求调整厅内的各种装饰艺术品、宣传用品，做好会议厅（室）内外的清洁卫生工作。

3）维修人员检查照明、音响、视频、空调等设备，根据会议要求增添新的设备。冬夏季要调整好室温，注意通风。

4）准备物品（图 4-2-2）。

图 4-2-2　准备物品

① 茶具：第一，挑选茶具要注意选择花纹、式样、颜色、型号配套的茶具；第二，茶具不得有破损，必须干净，每套茶杯下面要有垫盘；第三，茶杯要按会议人数配放，每人一套，还要准备适量备用杯。

② 水具：第一，准备保温的暖水瓶；第二，一般 3～4 名与会人员配备 1 个暖水瓶；第三，如果与会人数较多，或会场服务不便，可适当增加一些暖水瓶。

③ 茶叶：第一，每个杯子配放一袋袋装茶叶，并有适量的备用茶；第二，可提前将散装茶叶放入杯中，待宾客就座后直接冲泡。

④ 签到桌及文具用品：在大厅门口处或会议室入口处准备好签到桌、笔、纸等。如会议要求配备信纸、便笺、圆珠笔或红色、蓝色签字笔等，应每人一份并将其整齐地摆放在会议桌上。

5）准备水果和饮料。根据会议标准，有时还要备有不同的饮料和水果。水果要经过挑选，事先洗净、装盘、摆放整齐。

6）各项用品均应在会议前 30 分钟准备妥当。

（三）会议服务程序

1. 会议茶水礼仪

茶水服务见图 4-2-3。

图 4-2-3　茶水服务

（1）倒茶的方法

倒茶的时候茶叶不宜过多，也不宜太少。如客人主动介绍自己喜欢喝浓茶或淡茶，就按照客人的口味把茶冲好。茶水一般斟至七八分。

（2）端茶的礼仪

倒茶时，应该在与会人员的右后方倒茶，在靠近之前，应该先提示“请用茶”，以免与会人员突然向后转身。如果是女士，茶杯的拿法应该是右上左下，即右手握着杯的 1/2 处，左手托着杯底；如是男士，则双手水平握着杯的 1/2 处。茶水应摆放在饮水者右手上方 5～10 厘米处，有柄的则将其转至右侧，便于取放。

（3）添加礼仪

加水时，如果是有盖的，则用右手中指和无名指将杯盖夹住，轻轻抬起，大拇指、食指和小拇指将杯取起，侧对客人，站在客人右后侧方，用左手提起茶壶续水，再摆放在客人右手上方 5～10 厘米处，有柄的则将其转至右侧。

（4）茶礼细节

① 在会议开始前要检查每个茶杯的杯身花样是否相同。

② 茶水的温度以 80℃为宜。

③ 倒茶时要先给坐在上座的重要宾客上茶，然后依顺序给其他宾客上茶。

④ 在客人喝过几次后应为其续上，不能让其空杯。

（5）服务中的注意事项

① 如宾客表示会议期间不用服务时，服务员应在会场外面值班，以备客人需要代办其他事务。

② 在会议进行中，如果有电话打来，服务员应问清被找客人的单位、姓名，然后有礼貌地通知被找客人。如果服务员不认识要找的客人，应通过会务组人员去找，绝不可以在会场高喊客人姓名。

2. 递送物品

1）递接物品的原则是尊重他人。

2）递接物品都要用双手进行（图 4-2-4），如果在特定场合或东西太小不必用双手时，一般用右手。

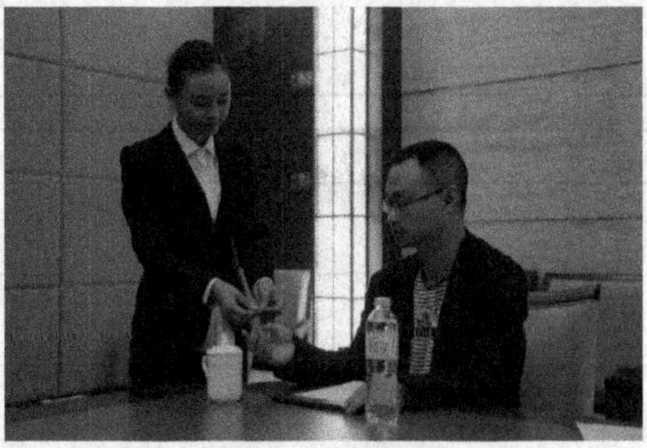

图 4-2-4 递接物品

3）不同物品的递接原则。

① 递接物品时应将物品的正面朝上。

② 递接较锋利的物品（如笔、刀、剪之类）时，需将尖端朝向自己，而不要指向对方。

③ 递接茶水。招待客人用茶时，可一手握茶杯把或扶杯壁，一手托杯底，并说“请用茶”；若茶水较烫，可将茶杯放到客人面前的茶几上；如果接主人敬上的茶，应起立并用双手接过茶杯，并说“谢谢”。

④ 递接名片。在递名片时，应该用双手递，同时，应将正面朝向对方，以示对对方的恭敬与尊重。在接名片时，也应该用双手接，对接过来的名片要表示关注，同时点头示意并道谢，不要显得漫不经心。

总结提炼

内容	要点	错误动作
会议准备		
茶水服务		
物品递接		

实战演练

学生分小组在实训室模拟会议过程中的服务工作。

演练一：茶水服务——徒手斟倒茶水服务、托盘操作服务。

练习要点：①右手要稳，水流的线条要自然；②茶水斟倒量标准，斟茶姿势大方；③双手或单手端托盘时应平稳，步伐轻盈。

演练二：会议值台服务——站立姿势、递送物品。

练习要点：①表情自然，微笑真诚；②将动作融入服务中。

演练三：会议中突发事情的处理。①茶水服务中，客人不小心碰翻了茶杯；②会议过程中，客人急需钢笔、小刀等物品。

学生也可相互设想案例进行练习。

演练四：学校每周的会议接待工作。学生分组实践，组长记录每位成员的工作内容，并总结交流。

任务评价

考核标准	完成	未完成（请描述）
准备会议需用物品并检查设备是否完好		
茶水温度适宜，倒茶顺序正确		
双手递送物品，正面朝上，尖端朝向自己		

案例分析

一天开会的时候，员工小王站起来给大家倒茶。按照倒茶礼仪，他先从左边的宾客（副经理）开始倒起，然后依次是总经理和另一位副经理、员工小张、员工小李，最后是自己。

小王左面的副经理说："哦，谢谢，小伙子不错，这个公司员工培训得好。"

总经理说："嗯，不错，小王挺懂事。"小王从此赢得总经理的青睐。

小王右边的副经理心想："他为何不从右边开始倒？这分明是看不起我。"小王莫名地成为这个副经理反感的人。

小张心想："马屁精。要是领导不在，看他还倒不倒茶。"

小李心想："糟啦！为什么我没有想起来去倒茶呢？我下次一定要抢在他前面。"小王从此有了一个竞争对手。

问题：小王的倒茶为什么会引起这么多的问题？假如你是小王，你会怎样做？

任务三 会议后的工作

【任务描述】会议顺利结束。公司各位中层领导开始陆续离开，张华开始做会议结束后的工作。

知识储备

1）宾客全部离开会场后，服务员要检查会场有无客人遗落的物品。如发现宾客的遗落物品要及时与会务组联系，尽快转交给失主。

2）做好清洁卫生工作，将桌椅归位，撤走会议所用之物。清理会场要注意不留死角，特别留意有无未熄灭的烟头，避免留下事故隐患。

3）关闭电源，关好门窗，在离开前再巡视一遍，确认无误后再锁门离开。

总结提炼

内容	要点	错误动作
收集资料		
清理会场		
摆放物品		

实战演练

学生分小组在学校会议室模拟会议结束工作。

演练：打扫室内清洁卫生。

练习要点：①清理会议物品；②分类打扫卫生；③按规范摆放物品。

任务评价

考核标准	完成	未完成（请描述）
检查会场有无客人遗落的物品		
清理会场要不留死角		
清扫卫生，桌椅归位，关闭电源门窗，锁门离开		

案例分析

为期两天的会议终于结束了，负责公司本次会议工作的秘书王佳放下了紧张的情绪，开始写会议总结。这时，电话铃响了，原来是公司的一位代理商因为有急事，离开时把公文包遗失在了会场。

问题：在此次事件中，王佳有着什么样的责任？假如你是王佳，你将如何处理？

检测练习

一、不定项选择题

1．签到时，在向参会人员递钢笔时要做到（　　）。

A．不脱笔套

B．如是毛笔，让参会人员自己蘸墨汁

C．笔尖对着参会人员

D．双手递笔

2．会务人员上茶时，温度不能太凉，也不能太热，水温以（　　）左右为宜。

A．100℃　　B．80℃　　C．60℃　　D．50℃

3．会议中斟茶时要按（　　）的顺序进行，在参会人员右侧服务。

A．先宾后主　　B．先主后宾　　C．宾主同时　　D．先给离得近的斟茶

4．在会议开始前（　　）分钟，迎宾员应站在门口迎接客人的到来。

A．5　　B．10　　C．20　　D．30

5．会议期间续水不正确的是（　　）。

A．开始前检查每个茶杯的杯身花纹是否相同

B．茶水的温度以60℃为宜

C．倒茶时先给坐在上座的重要宾客上茶

D．会议间隙及时把茶水补上，不能让其空杯

二、判断题

1．重要会议在准备过程中可能会发出几次通知。（　　）

2．会议的气氛主要靠会场的布置渲染。（　　）

3．会议开始前要检查每个茶杯的杯身花样是否相同。（　　）

4．为客人斟倒茶水时一般站在客人右侧。（　　）

5．为客人递送物品时，单手递送更方便。（　　）

三、综合实训

学校根据条件组织学生到周边酒店见习会议服务工作，增强学生的实践能力；将理论与实践相结合，增长学生的见识，提高学生的综合素质。

场景三

商务接待

知识目标

1. 了解商务接待礼仪的主要内容。
2. 掌握商务接待中常见的礼仪规范。

技能目标

1. 有礼貌地接打电话。
2. 能在不同的环境中进行自我介绍和介绍他人。
3. 能根据不同的场合和对象运用握手礼及交换名片。
4. 能用正确的方式和姿态引领客人。
5. 能根据不同的客人选择不同的礼品并大方得体地赠送给客人。

任务一 机场迎客

【任务描述】某集团客人到达机场时，由张华前往机场迎接客人并安排客人的具体事务。

知识储备

1. 自我介绍

自我介绍（图 4-3-1）是向客人展示自己，给客人留下良好的第一印象的重要手段。良好的自我介绍能够为以后与客人打交道打下重要的基础。自我介绍时要注意以下几个细节。

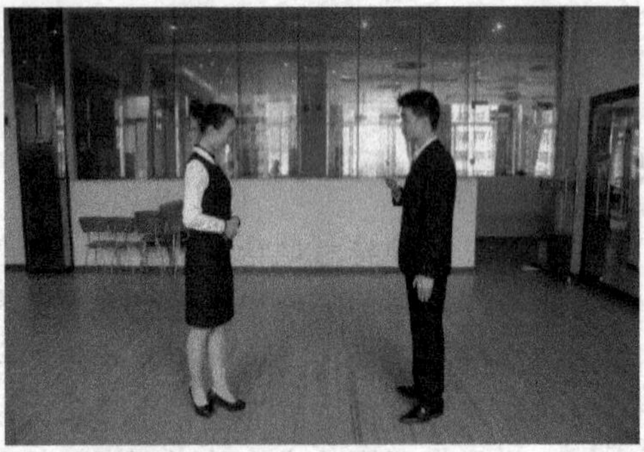

图 4-3-1　自我介绍

1）介绍者要保持良好的形象。

2）一般情况下，在介绍自己的单位或者部门的时候应使用全称。

3）准备自我介绍时，如果对方正在进行交谈，就要选择恰当的时机。例如，在对方交谈出现停顿的时候，先问候再进行自我介绍。

2. 介绍他人

在将自己的同伴介绍给客人这个过程中，应体现自身的形象和对客人的尊重（图 4-3-2）。

图 4-3-2　介绍他人

1）介绍的手势：介绍时应五指并拢，掌心向上并指向被介绍人。

2）介绍的顺序：应先将位卑者介绍给位尊者。例如，先将主人介绍给客人，先将职位低者介绍给职位高者，先将年轻者介绍给年长者，先将男士介绍给女士等。

3. 握手

握手是人们见面和分别时的礼节，同时，它也可以用来表示慰问及祝贺。

1）握手的顺序：一般由主人、年长者、女士、身份高者先伸手，而客人、年轻者、男士、身份低者先问候，待对方伸手时再握手。

2）握手的姿势：握手时应面带微笑，同时要看着对方（图 4-3-3）；身份低者和身份高者握手时身体应微微前倾以示尊重；男士与女士握手时只握手指部分即可，不应长时间握住不放（图 4-3-4）。

图 4-3-3 握手

图 4-3-4 与女士握手

3）握手时一定要用右手，特别是与阿拉伯人和印度人握手时，不能用左手与客人接触。如果双手相握，应该先右手握住后，再将左手搭在对方右手上（图 4-3-5）。

图 4-3-5 双手握手

4）握手时应摘下手套和帽子。在比较寒冷的地方，双方都戴有手套时，可以在相互示意后，不摘下手套。另外，女士在社交场合戴着薄纱手套握手是被允许的。

5）拒绝与对方握手是不礼貌和不应该的，所以应该事先做好准备。如确实因为特殊情况导致手上有水或者不干净只能婉谢时，必须解释清楚并致歉。

4. 交换名片

名片是商务人士必备的交流工具之一，通过名片，我们可以在第一时间快速地了解对方的姓名、公司、职位等情况，也可以让对方快速地了解自己。

1）名片发送的时机：可以在刚见面或者告别时发送名片，也可以在自己发表意见前发送名片。

2）名片发送的顺序：首先，应该由身份较低者以右手或双手递出个人的名片；如拜访别人，则经介绍后，再递出个人的名片；如果上司在场，应在上司递上名片后再递自己的名片。

3）在接受他人的名片时，应以双手接，接受名片后，不要随手将其置于桌上或其他地方，也不要随意玩弄对方的名片，而是马上确定其姓名和职务（图 4-3-6），然后将名片收好。

图 4-3-6　读名片

4）应将名片放在名片夹或皮夹中（图 4-3-7），并置于西装内袋里，绝对不可以将名片放于裤子后方的口袋。

图 4-3-7　放名片

总结提炼

内容	要点	错误动作
自我介绍		
介绍他人		
握手		
交换名片		

实战演练

学生3～5人为一组，分别扮演接待方和客人，通过角色互换循环练习。具体要求如下。

1）迎接者仔细观察，根据客人的特征找到客人，主动迎上前问候客人，并做自我介绍。

2）迎接者在做自我介绍时根据当时的身份和情况，主动伸手与客人握手。

3）接待方主动将本方随同人员介绍给客人，客人领导者主动伸手与被介绍者握手。

4）客方将随同人员介绍给主人，主人在接受介绍时主动伸手与被介绍者一一相握。

5）根据不同的情况和特定的场合，主人或者客人在恰当的时机递上自己的名片并与对方交换名片。

任务评价

考核标准	完成	未完成（请描述）
介绍时机恰当，顺序正确，手势正确		
握手的姿势正确，顺序合理		
发送名片的时机恰当，顺序正确，双手接名片，阅读后再将其放好		

案例分析

当小张把客人介绍给小李的时候，客人就拿出了名片。小李仔细地看了名片后，才发现自己没有拿名片夹或钱包，于是不经意地就把客人的名片放在裤子后面的口袋里。

问题：在整个过程中，小李有哪些地方应该改正？

任务二 引领客人

【任务描述】某集团客人到达后，由张华前往机场迎接并带领客人前往入住酒店。到达后，她先给客人开车门，然后引领客人到达目的地。

知识储备

1. 为客人开车门

1）开门顺序：为客人开车门时应首先开后排右侧车门，然后开后排左侧车门，最后开前排车门。

2）开门礼仪：车辆停下时，迎接者应站到车门轴一侧，一只手将门打开90°，另一只手手指并拢，伸直置于车门框上沿以防止客人头部碰撞门框。当客人下车时使用礼貌用语向其表示欢迎，然后关上车门。

2. 引领客人

1）楼梯引领客人：引领客人上下楼梯时，出于安全考虑，应该让客人走在前面（如果是着裙装的女士，则客人在后），见图 4-3-8；下楼梯时让客人走在后面，见图 4-3-9。

图 4-3-8 引领客人上楼

图 4-3-9 引领客人下楼

2）自动扶梯引领客人：应该靠右侧站立，不论上下，主人都走在前面。

3）电梯引领客人：进入电梯时，应请客人先进并做好电梯服务（图 4-3-10）；出电梯时，让客人先出。

图 4-3-10 电梯引领客人

4）走廊引领客人：与客人保持两三步远的距离，让客人走在自己身后内侧，大约呈 130°角，配合客人的步调行走（图 4-3-11）。

图 4-3-11 走廊引领客人

5）在引领过程中，当碰到有拐角及其他路面有变化的情况时，应向客人伸手示意，示意时要五指并拢，掌心向上，手臂自然前伸（图 4-3-12）。

图 4-3-12　拐角处引领客人

总结提炼

内容	要点	错误动作
为客人开车门		
上下楼梯引领客人		
电梯引领客人		
拐角处引领客人		

实战演练

学生 2～4 人为一组，一名学生扮演引领者，其他学生扮演客人。对于不同的客人，引领者在迎接前必须清楚客人的情况，做好知识准备。

1）开车门：在车辆到达时，引领者迅速上前，根据客人的情况按正确的顺序和方法打开车门，引导客人下车。

2）引领客人：设计至少两条不同的分别包含楼梯或电梯的路线，同时应有拐角等场景，由扮演引领者的学生带领客人到达目的地。

任务评价

考核标准	完成	未完成（请描述）
先开后排车门并为客人护顶		
引领客人的位置和姿势正确，在变换道路时及时提醒客人		

案例分析

小赵带着两位女士（一位穿着职业裤装，另一位穿着职业裙装）到公司办公室洽谈业务。办公室就在二楼，所以他们直接走的楼梯。上楼时，小赵习惯性地伸出手请客人先上楼。结果在上楼的过程中，穿着职业裙装的女士感到非常尴尬。

问题：客人为什么会感到尴尬？在引领客人上下楼梯的过程中，引领者应该注意什么？

知识拓展

（1）“三 A”原则

商务礼仪中的“三 A”原则最早由美国的布吉尼教授提出，所以“三 A”原则也称布吉尼理论，主要阐述人们在商务交往中处理人际关系的技巧和方法。其主要内容如下。

1）Accept：接受对方，即在商务交往过程中，要真诚地接受对方，信奉“顾客至上”。接受对方在商务交往中要注意以下几点。

① 不要打断别人的谈话。不能因为急于阐述自己的观点而打断别人的谈话，正确的做法是在别人的谈话告一段落，并征询别人的意见后再发表自己的观点。

② 不要在别人谈话时补充内容。

③ 不要随意更正对方。在倾听中不要总是查找对方的缺点和不足，并当场更正。只要不是原则性的问题，我们就应该尽可能地接受对方。同时，我们应该清楚，看待事物是可以有许多角度的，并没有绝对的“对”和“错”。

2）Appreciate：重视对方，这也是对对方的尊重。重视对方主要从体现在以下几个方面。

① 在与客人见面并交谈的时候，要使用尊称，称呼时要含有对方的职务等，绝对不能张冠李戴。

② 在交谈过程中，要记住并重视对方的禁忌和宗教信仰。

③ 在介绍、交换名片等活动中，要切实体现对客人的尊重，要让客人、职务高者、年长者等有优先知情权；同样，在握手的时候要体现他们的主动权。

3）Admire：赞美对方，即在交往过程中，要适当地赞美对方。它可以起到化解矛盾、沟通的作用，也能使交往双方的心情更加愉悦。赞美对方要注意以下几点。

① 实事求是。赞美的时候不能不根据对方的特点胡乱赞美，也不能太过浮夸，否则，会给客人留下不真诚的感觉，让赞美适得其反。

② 要选择容易赞美的内容，夸到点子上。每个人的优点很多，我们要赞美的往往是客人当时最在意、最想听到的。

（2）乘车礼仪

在生活交往、商务活动中，我们必然要乘坐车辆，那么，乘车时我们要遵循哪些礼仪原则呢？在这里归纳一些基本的原则。

1）小轿车的副驾驶座被称为随员座，一般由秘书、警卫、翻译等随同人员就座。如果是主人亲自驾车，则客人应该坐在副驾驶位。

2）一般而言，乘坐商务车辆时，以驾驶员后的第一排为尊，往后依次递减，每一排的座位又以右侧为尊。

3）乘坐吉普车时，以副驾驶位为上位，往后依次递减，同样以右侧为尊。

在乘车时具体哪一个位置为尊不可过于纠结，而是应该尊重客人的习惯和选择，客人坐在哪一个位置，则这个位置就是上位。

（3）馈赠礼仪

馈赠是人们在商务活动中非常重要的内容之一，它能起到联络感情、促进交往、加强友谊的作用。其本质上是向他人表示尊重、友好和亲切的途径及方式。馈赠礼仪一般包含两个方面：一是赠送，二是受赠。

1）赠送。应考虑以下几个方面的内容：who（馈赠对象）、why（馈赠动机）、what（馈赠内容）、when（馈赠时机）、where（馈赠场合）、how（馈赠方式），即“5 W1H”。

① 馈赠对象：馈赠时，我们要考虑对象的数量、性别、年龄、信仰、身份、喜好、禁忌等因素。

② 馈赠动机：馈赠的动机一般有表达友谊、酬宾谢客、祝颂庆贺、慰问哀悼等。

③ 馈赠内容：一般包括赠物和赠言两类，赠物主要有鲜花、卡片、纪念物等，赠言则有书面的、口头的，内容上根据馈赠目的的不同而分为祝贺、临别等。在馈赠时，我们应考虑对象的禁忌和赠物的种类、价值、档次、包装及寓意等。

④ 馈赠时机：馈赠的具体时间和情势，应根据馈赠双方的关系和具体的目的等来把握。

⑤ 馈赠场合：馈赠时的具体地点和环境，主要分为公务环境和私人环境，根据馈赠的目的、意义、内容等具体选择。一般来说，不要在公众场合给某个人送礼物，给关系密切的人送礼物也不宜选在公众场合。

⑥ 馈赠方式：通过何种方式赠送，如亲自赠送、托人赠送等。

2）受赠。在接受馈赠时，要做到受礼坦然、表达谢意、当面拆封、拒礼有方。在接受赠礼的时候，我们应该起立，双手接过礼物，当面拆封，表达我们的感谢之情。如果因为各种原因，需要婉拒对方的礼物时，应保持礼貌、从容和自然，要向对方表达感激之情，然后说明婉拒的原因，切不可生硬，以免使对方难堪。

国外送礼的一些习惯：德国人和美国人送礼都讲究包装；给法国人送花时不能捆扎；英国人特别反感带有公司标志的礼品；美国人在接受礼物时会当面打开；不能给俄罗斯人送现金；在拉丁美洲不能送手帕、刀具等；而在阿拉伯国家初次见面时是不能送礼的。

检测练习

一、不定项选择题

1．自我介绍是给客人留下良好的（　　）的重要手段。

A．第一印象　　B．最后印象　　C．全部印象　　D．威严

2．当接受他人名片的时候，我们应该首先（　　）。

A．将其放入裤兜里　　B．将其放入名片夹里

C．将其放于茶几上　　D．阅读名片

3．当客人乘坐商务车辆到达时，我们应该先开（　　）车门。

A．副驾驶位置　　B．后排右侧　　C．后排左侧　　D．司机座位

4．在引领客人时，应该走在客人的前方两三步远的距离，角度大约呈（　　）角。

A．90°　　B．110°　　C．130°　　D．150°

5．关于介绍，以下说法正确的有（　　）。

A．先将位尊者介绍给位卑者　　B．先将主人介绍给客人

C．先将女士介绍给男士　　D．先将年轻者介绍给年长者

6．握手是用来表达（　　）的礼节。

A．见面　　B．分别　　C．祝贺　　D．慰问

7．为（　　）客人开车门时不能护顶。

A．信奉道教的　　B．信奉佛教的

C．信奉基督教的　　D．信奉伊斯兰教的

二、判断题

1. 如果没有及时接听电话，那么我们最好选择不要接听，以免对方认为我们故意怠慢。（　　）

2. 在比较寒冷的地方，双方都戴有手套时，可以在相互示意后，不摘下手套。（　　）

3. 在请客的时候，应该先将自己的家属介绍给客人。（　　）

4. 在介绍自己的单位和部门的时候，应尽量使用简称以使介绍显得更加简洁。（　　）

5. 在引领客人时，无论上下楼梯，我们都应该走在客人的前面。（　　）

三、简答题

商务礼仪中的“三A”原则指的是什么？在日常的商务活动中，如何体现“三A”原则？

参考文献

范运铭，陈莹，2012．客房服务与管理[M]．3版．北京：高等教育出版社．
龚建红，2015．餐饮服务技能训练[M]．重庆：重庆大学出版社．
胡玲，2015．旅游礼仪[M]．重庆：重庆大学出版社．
杨铭铎，2006．旅游服务礼仪[M]．重庆：重庆大学出版社．
赵志章，等，2016．餐饮服务与管理[M]．北京：教育科学出版社．
邹薇，2008．餐饮基础服务[M]．重庆：重庆大学出版社．